AGILE WORK

アジャイルワークの教科書

戸田孝一郎

発行・日刊現代／発売・講談社

序章

「アジャイルワーク」とは何か？

AGILE
WORK

「アジャイル」のキモは、明確な目的と達成のスピードにある

この本は、私が15年以上にわたって研究と実践を重ね、その普及に努めてきた**「アジャイルワーク」**というビジネス手法、それに基づく仕事術について、初めての方にもわかりやすくお伝えすることを目的としています。

そこでまず、この章では導入として、そもそもアジャイルとはどんな方法なのか、それはどんな必要があって生まれ、それを導入することでどんなメリットがあり、みなさん一人ひとりの人生をどのように豊かにするのかについて、私自身とアジャイルの関わりも交えつつ、おおまかにお話ししていきましょう。

「アジャイル」とは、英語では〝agile〟とつづりますが、この言葉自体はみなさんも最近しばしば耳にしたり、目にしたりすることが多くなっているのではないでしょうか？　その意味は**「機敏であること」**であり、〝アジリティ（agility）〟となると「機敏性」という状態を示します。これをもっとひらたく言うと、**「無駄がなく、きびきびと動いている」**というイメージになるでしょう。

ここで、さらにこの言葉を要素分解して考えていきましょう。「きびきび」という印象はスピードのある状態から生まれ、「無駄なく」というイメージは目的を明確に、そこへ向けて寄り道せず一直線に進んでいく様子を表しています。「アジャイル」という手法をひと口に言うなら、このように**明確な目的と達成へのスピードを両輪とするビジネスの進め方、マネジメントの考え方**を指します。

この考え方や手法は今世紀の初めに生まれ、もともとはソフトウエアやシステム開発の世界において、従来型のウォーターフォールと呼ばれる開発手法のデメリットを乗り越えるために用いられました。「ウォーターフォール」とは、簡単に言えば顧客の求めるものは何かという企画や要件の定義から始まり、その後、設計、製造、テスト、リリースに至るまで一つひとつの段階を追って進めていくやり方のことです。その名の通り、上から下へ「滝が流れ落ちる」ように工程が進む開発手法で、品質について一定の信頼は確保できるものの、**①開発期間が非常に長期化する、②プロジェクト自体が大がかりになってコストがかさむ、③しばしば起こる仕様変更などに素早い対処ができない**……などの問題が以前から指摘され、それとは180度異なる発想を基に生まれたのが、「アジャイル開発」だったわけです。

そこにはまた、時代の要請という面も大きく関わっています。この概念が生まれた当時、すでにビジネスにおける変化のスピードは加速していましたが、そのなかで大がかりで長い時間を要するウォーターフォール開発では、そうした状況に十分にこたえることができなくなっていました。それに対して、もっと素早く、変化への柔軟な対応もしやすく、現場主導でコンパクトに行える手法としてのアジャイル開発が、アメリカ西海岸のＩＴ企業で進化し、その結果、いわゆるＧＡＦＡをはじめとする同地の企業が世界の市場を支配することになったのです。

私自身、このアジャイル開発という手法に最初に興味をもったのは２００８年の初め頃のことです。もともと自分が40年にわたってＩＴ関連のベンダーとユーザー業務、さらにはコンサルティング業を行うなかで、日ごろから「なぜ、日本のソフトウエア開発は時間ばかりかかるのか？」という疑問の答えを求めていたことがそのきっかけでした。

当時の（現在もあまり変わっていませんが）日本のＩＴ業界では、前述のウォーターフォール型によるソフトウエア開発が中心だったことから、平気で年単位の時間がかかり、少し規模の大きなシステム開発となると４～５年の時間と大人数のＳＥのマンパワーがかかるのが当たり前でした。お客様にとっては多大なコストがかかるばかりか、開発企業側も資金効率が悪くて儲けにつながらず、長期間の拘束に伴う現場のストレスや疲弊も相当なもの。しかも、それほどの時間とコストと労力をかけた開発のアウトプットは、いざ投入するとすでに時代の変化に対応できない時代遅れのものになっている——そんな、誰も得をしないやり方がまかり通っていたのです。

そうした事態に「このままではいけない」という危惧と焦りが、私のなかにふつふつと湧き起こっていました。アジャイルという画期的な手法と出会ったのは、そんな折のことです。

とはいえ、日本にはアジャイルに関する情報がほとんど入っていなかった時期のことでした。何かとんでもなく素晴らしい開発手法だというのは感じていても、アジャイルを日本語でひもといてくれる文献はもちろんのこと、それを教えてくれる日本人のコーチさえ見つからなかったのです。「それならば、自力で勉強するまで！」と『Agile Project Management with Scrum』や『Scaling Software Agility』『Scaling Lean & Agile Development』といったアジャイルの基本となる理論書や実践の手引きを原書で読み漁り、ひたすら勉強していくうち、そのルーツが1990年代に製造業を中心に広まった**リーン（lean）**という概念にあることが、おぼろげにわかってきました。

「リーン」というのは、英語で**「無駄のない筋肉質な体型」**というような意味で、とりわけ製造業ではQCD（品質・コスト・納期）を高める手法として用いられ、それが今世紀に入ってITや金融、各種サービスなどの非製造業においても広く採用されていました。

しかも、もともとQCD向上を目的としていたこの考え方を、シリコンバレーのIT業界においては**ビジネス全体のスピードを加速させ、アジリティ（機敏性）のあるマネジメント、組織運営を実現する**という面において進化させていきました。

こうして生まれたのが、本書でお話ししていく「アジャイルワーク」という手法なのです。

アジャイルなら、半分の時間で倍の成果を出すことができる

では、このアジャイルの手法を身につけることは、ビジネスにおいて具体的にどのような変化をもたらすのでしょうか？

これについてさまざまにご紹介すること自体が、この本の大きな柱のひとつになるわけですが、ここでその一端、さわりとなる点についてお話ししておきましょう。

先ほど、アジャイルを「機敏であること」、アジリティを「機敏性」と書きましたが、ビジネスにおいてはこの「機敏性」を**「機動力」**と言い換えてもいいかもしれません。機動力というのは、**ある事象に対して、効率的に対処できる能力**であり、その意味で**機敏性（性質）をもつ組織や人が示す能力を機動力**ということもできるでしょう。

そして、この機動力すなわちビジネスにおいて、常に効率よく対処できる能力は、**「スピード」**と**「目的・目標の理解、共有」**というふたつの〝基礎体力〟を身につけることを意味します。どちらもパッと見は特別なことではなく、実際のビジネスの場はもちろん、ビジネスに関する本や雑誌にも日常的に登場する言葉ですが、これがアジャイルではみなさんのビジネスを劇的に変える力を発揮するのです。

まず「スピード」について。アジャイルにおけるスピードとは、単に仕事にかける時間を短くするというだけの意味とはまったく異なります。やっつけ仕事で行うのは、確かに時間の短縮にはなるでしょうが、粗悪な品質の仕事はすぐに顧客に見限られてしまいます。そうではなく、**短い時間で常に良質のアウトプットを生み出し続けること、それこそがアジャイルな意味での「スピード」**なのです。

しかも、そのスピード自体、みなさんが今なんとなく考えているイメージとは、はるかにかけ離れています。

たとえば、私が企業からご相談を受ける際、よく聞かれるのが「アジャイルな手法を導入することで、仕事全体のスピードは何％ぐらい速められるものでしょうか？」という点です。それに対しての私の答えはずばり、次のようなものです。

「10％や20％などというレベルでは、スピードアップとはいえません。アジャイルな手法を導入されれば、これまでかけていた時間の半分で、倍の仕事ができるようになります」

これを聞いた企業様の側は、ほとんどの場合はポカンとされるか、「そんなバカな」というような苦笑を浮かべるかのどちらかです。それは無理もないことで、半分の時間で倍の仕事ができるということは、単純計算で4倍の効率アップになりますね。これまでの常識では夢のような数字ですが、これはアジャイルの世界ではけっして特別なことではないのです。

すなわち、**アジャイルにおけるスピードとは、それまでの倍の速さで、倍のアウトプッ**

トを行い、しかも品質においてその時点でのベストを実現し、その状態を長く維持できるというのが当然の結果となるのです。でも、そんなことが本当にできるのでしょうか？

大丈夫！　この先、本書がお教えするアジャイルの考え方、実践のためのポイントをしっかり身につけ、日々の仕事のやり方を根本から変えることができれば、実質4倍のスピードアップはけっして絵空事ではなくなります。事実、私たちがお手伝いをしてきた数多くの企業様で、最初はポカンとし、苦笑されていたご担当者様も、早ければ1年後には目を輝かせて「アジャイルの手法を導入して、本当によかった」とおっしゃるようになっています。そのことが、アジャイルの素晴らしさを何より物語っています。

とはいえ、ここまで本書をお読みいただいたみなさんには、まだ半信半疑かもしれません。そこで、アジャイルにおいて仕事のスピードが上がる理由を、ひとつお教えしましょう。

それは、**集中力の高め方**です。

みなさんは「こんなに一生懸命やっているのに、なぜ仕事が予定通りに終わらないんだろう？」と、考えることはないでしょうか？　それは実のところ、みなさんが自分自身で

「一生懸命やっている」と思っているだけで、実際にはそうなっていないという点に大きな問題があるのです。

人は、特別に意識をしていなければ、ひとつのことに何時間も集中し続けることはできません。9時から5時まで、自分ではひたすら集中しているつもりでも、実際には相当な時間を無駄に費やし、しかもそのことに気付けないでいる。そうした状態の積み重ねが、結果的に仕事のスピードを遅らせているというのが、現実だったりするのです。

アジャイルワークという働き方においてはまず、仕事における集中力を高めるためのさまざまな方法を実践します。ここでカギになるのは、作業時間の切り分け方、そこにおける自分への適切な負荷のかけ方と言えるでしょう。

本書では、たとえば**「タイムボックス」**や**「イテレーション」**などと呼ばれる方法を通じ、仕事のあらゆる面(個々の作業から、チーム全体で行う会議やプロジェクト管理まで!)での集中力を高めるポイントをお教えしていきましょう。

徹底した「見える化」で、仕事の無駄と無理を根絶できる

アジャイルな手法による働き方を行うことで身につくもうひとつの〝基礎体力〟が、**「目的・目標の理解、共有」**です。

ビジネスの現場で、あるべき進行を妨げる要因となるのは、何よりも無駄な動き、とりわけメンバー相互や上司・部下、チーム間における意思疎通や目標意識の違いによる、行き違いや手戻り、やり直しという日常の小さな齟齬の積み重ねです。そこにあるのは「こう言ったはず」「ここまでできるはず」「理解しているだろう」「やっているだろう」などという各人各様、あるいはチームや部署間の思い込みであり、こうした食い違いが全体の計画や業務遂行の足を引っぱっている事実を見逃してはならないでしょう。

意思疎通や目標意識がバラバラの状態では、個人もチームも、何を、いつまでに、どこまでの品質で仕上げればいいか、という基本が見えていません。これでは、アジャイルが目指す効率のよい対応などは、夢のまた夢という状態です。あらゆる場面で無駄な作業とやりとりが発生し、納期は遅れて、コストはかかるという悪循環に陥っているわけです。

こうして工程のいたるところに渋滞やボトルネックが発生し、特定のメンバーやチーム

にばかり負担が集中した結果、常にオーバーワークの状態が続きます。それゆえイージーミスも頻発し、そのリカバリにまたしても無駄な時間がかかるのは、火を見るより明らかなことです。

先ほど、「スピードアップのためには集中力を高めることが必要」と書きましたが、それはあくまで適正な集中力ということであり、常に目いっぱいの負荷がかかった状態では、健全で持続可能な仕事とはほど遠く、社員それぞれも仕事の充実感や、生きている幸せを感じることなどできません。そんななかで、たとえば働き方改革やワークライフバランスをいくらさけんだとしても実効は上がらず、結局は社員の側が〝隠れ残業〟を行ったり、環境も整わないままで時短だけを強要する〝ジタハラ（時短ハラスメント）〟なども横行したりといったことになります。

目的や目標の理解、共有ができていないチームや組織では、突発的に起こる思わぬ事態への対応も足並みがそろわず、正しい判断をすることも困難です。とりわけ、近年いわれるようなＶＵＣＡの時代、すなわち「常に変動し、不確実で、複雑かつ曖昧な」時代にあって、混乱と判断ミス、そこから生まれる無駄な動きに振り回されるばかりという、悲惨な結果に陥ってしまうのは必然といえるでしょう。もちろん、アジャイルを意識するしないにかかわらず、多くの会社が「目的・目標の理解、共有」を重視する大切さには気付いておられることと思います。実際、私がご相談を受けた企業にも、これをスローガンとしているケースは少なくありませんでした。

しかし残念ながら、ほとんどの場合、肝心のやり方、あるいは基礎となる考え方が間違っているのです。その点、**「目的・目標の理解、共有」は、掛け声やかたちだけの導入ではけっしてうまくいくことはありません。**

一方、アジャイルの手法では、これを実現するために**「見える化」**という方法論を徹底して追求します。すなわち、個人にはじまり、チーム、そして会社全体、すべてのフェーズで等しく「見える化」を行う。自分はもちろん、一緒に働くメンバーすべてが自分たちの今ある現状を正しくオープンにし、理解し、それをもとに常に現状への対処、改善のために**「今、何が必要なのか」**がリアルタイムに可視化されることで、真の意味での「目的・目標の理解・共有」は実現します。**自分たちの今の状態が正常なのか、異常なのか、関わる誰もが瞬時に、正しく判断でき、全体にとって最適な対応をすることが可能になる**のです。

当然、作業に無駄や無理がなくなり、現場はオーバーワークになることなく、既定の時間内に集中力をもって健全に仕事ができるようになります。**誰もが瞬時に現場の状態を正しく判断できることで、作業のプロセス全体が変化に即応しやすく、不透明な時代にあっても常にレジリエンシー（しなやかさ）を失わない、力強いチームや組織へと生まれ変わる**でしょう。それはまた、昨今では当然とされるビジネス現場でのDX（デジタルトランスフォーメーション）などにおいても、臨機応変の対応力として大きな力を発揮することを、私は確信しています。

本書では、この徹底した「見える化」のために必要なポイントや実践のヒントをご紹介するのに加え、それを核にした「自工程完結」という方法論についても詳しくご説明していきます。そして、メンバー一人ひとりから会社全体にいたるまで「目的・目標の理解、共有」を行い、先ほどあげた「スピード」とともに、アジャイルワークの完成を目指せる具体的なノウハウについて解説していきましょう。

アジャイルの本質は、トヨタ生産方式（TPS）にある

さて、アジャイルの手法がもたらす劇的な変化とメリットに、多少とも知識・興味をもっ

ていただいたところで、話をもう一度、私とアジャイルワークとの関わりに戻しましょう。

先に書いたように2009年頃から、文字通り手探りでアジャイルによるソフトウエア開発について学び始めた私は、そのルーツともいうべき「リーン」という概念に出会います。

ところが、いろいろと本を読み調べていくと、意外なことがわかってきました。それは、このリーンという考え方が、どうやら日本を代表する世界的企業であるトヨタ自動車、その独自の生産方式である**TPS（Toyota Production System）**そのものであるらしい、という驚きの事実です。すなわち、1990年にマサチューセッツ工科大学のふたりの教授が発表した本のなかで、TPSというトヨタ固有の名称を汎用的に使える単語に置き換えたのが、リーンという理念の世界的に広まる契機であるというのです。

これには非常に驚かされました。自分では海外の先端的な開発手法を懸命に追いかけていたつもりが、なんと足元の日本では知らない者のいない企業、トヨタ発の理念を進化させたものだったというのですから。そこで、あわててトヨタ生産方式（TPS）について書かれた本を読んでいくと、まさしくリーンであり、最新のアジャイル手法の本質であり、私自身が求め続けてきた理念と実践が書かれています。そしてそれがわかった瞬間、「ああ、これはもうTPSについて読み、聴き、学んでいくほうが早い」と心を決めました。

以後は、TPSの〝生みの親〟とされる大野耐一さんの著書『トヨタ生産方式　脱規模の経営をめざして』（ダイヤモンド社、1978年）を、まさに韋編三絶《いへんさんぜつ》の思いで繰り返し読み、それを自分のたずさわるソフトウエア開発の現場へと独自に導入していく日々でした。しかし、もともと製造業の代表であるトヨタの方法だけに、そのままのかたちでソフトウエア開発に応用するわけにはいきません。その間、さまざまな実践と振り返りを重ねたすえに、この方式はハードウエアの製造はもちろん、ソフトウエアの開発、さらには一般のホワイトカラーのビジネスパーソンの日々の仕事にも大きなメリットのある、普遍的な「本質」を備えていると確信できたのは、2010年を迎えた頃のことです。

こう聞いたところで、みなさんはトヨタ生産方式がリーン、さらにはアジャイルの元祖だという実感はもてないかもしれません。実際、トヨタに対するイメージといえば、「カイゼンして、コストダウンを図って、コツコツ利益を挙げている、とことん堅実な会社」というのが一般的でしょう。しかしアメリカやヨーロッパのビジネス界では、それとはまったく異なる**「圧倒的にビジネススピードが速い会社」**というのが、トヨタのパブリックイメージです。それに比べると、日本人が思い浮かべるカイゼンもコストダウンも、堅実な収益も、すべてはその過程をひとつの面から見たというのに過ぎません。

詳しくは後の章でも述べますが、そもそもTPSというトヨタ独自の生産方式が編み出されたのは、敗戦後の復興期にあって、創業者の豊田喜一郎社長が前出の大野耐一さんに「3年でアメリカに追いつけ!」と厳命したのが始まりといいます。当時の日米の産業力の差はゆうに10倍はあった時代に、3年でキャッチアップというのですから、普通のやり方では問題にならないところ、大野さんはこれを実際に成し遂げるために、従来の常識とはまったく異なるアプローチで手法を確立してきました。その結果、トヨタは2000年代早々にはアメリカのビッグ3に追いつくまでの成長を遂げました。それ以降はアメリカをはじめ世界の自動車市場を席巻し、その勢いは今も衰えることなく、90年代以降、失われた20(30)年にあえぐ日本企業のなかにあって、「世界のTOYOTA」はひとりトップを走り続けているのも、まさにTPS(および後述のTMS)ならではのアジリティ、機動力があってのことといえるでしょう。

なかでも、伝説として語り継がれているのが、1973年に日本経済を直撃したオイルショックの際、他の製造業が軒並み長期にわたって工場閉鎖を強いられたなか、その収束後にトヨタだけがいち早く操業再開を果たしたという事実です。その折、他の会社から「トヨタさんだけ、なぜこんなに早く立ち直れたのか?」と教えを請われた大野さんは、初めてTPSの手法について明かしましたが、その内容に触れた産業界では常識はずれの手法に、「三河（トヨタのこと）の常識は日本の非常識」という、驚きと軽蔑の入り混じった声があがったと聞きます。この速さこそ、まさしくリーンやアジャイルへとつながるTPSの真骨頂にほかならないのです。

アジャイルは、ホワイトカラーの生産性アップにこそ不可欠

私はこのようにTPS、そしてそれをマネジメントに応用したTMS（Toyota way Management System）を追いかけ、学び実践し続けていたなかで、2010年になって運命的な出会いが訪れます。知人の紹介で、実際にTPSを指導しているトヨタOBのコンサルタントの方に、直接お会いし、しかも勢いで「今、自分が指導している現場でTPSを実践している」と大それたことを言ったことから、他日、その方が現場へと見学に来られることになったのです。

このようなご縁をいただいて、正直なところ、自分なりに多少の自信はあったものの「コテンパンにやられるだろう」と覚悟だけはしていました。それがなんと、「すごいですね、ハードとソフトの違いこそあれ、トヨタの現場とまったく同じですよ」というありがたいお墨付き。しかも、その方の所属するTPSの総本山「一般社団法人TMS&TPS検定協会」にまで入れてもらったのですから、望外の喜びです。

それからのち、2~3カ月に1回という頻度で、所属するトヨタOBの生産技術者の方から集中的に講義をしていただき、2年後の2012年には協会から正式にコンサルタントの認定を受け、おもに非製造業へのトヨタ方式のコーチを担当することになりました。本当に幸運としか申せませんが、それというのも私が理論のみの研究だけではなく、実際のソフトウエア開発にTPSを応用していたという点が、評価されたのだと思っています。

トヨタというのは、後述するように徹底した**「現場主義」**の会社であり、頭や理屈よりも**「やってみる」**という姿勢を最も重視する文化です。半面、トヨタの現場を経験した人でないと、TPSもTMSもその真髄・本質を正しく伝えることができず、これを外で学ぼうとする場合、特に非製造業などでは、概要はわかっていても実践において壁に突き当たってしまうケースが多いのも確かでした。

そんななかで、非製造業のソフトウエア開発の世界からアジャイル→リーン→TPSへとたどり着き、なおかつ現場での実践経験も少なからずもっている私に、非製造業へのトヨタ方式の伝道という期待が寄せられたのかもしれません。以後、現在に至るまで、もっぱら非製造業を中心に、もともと自分のジャンルだったソフトウエア開発から、金融、サービス、情報、出版、さらにはNPOなどなど、あらゆる分野の企業様、団体様に対し、コンサルティングと指導を行ってきています。

こうした経緯を経て、まがりなりにも確立した私自身のアジャイルワークの理論と方法を、これに初めて接するみなさんにもわかりやすく、実践しやすい内容でお届けしようという意図のもとで書いたのが本書です。

「アジャイルワーク」を体得して「不確実な未来」を生き抜こう

本書で説いていく「アジャイルワーク」とはいわば、トヨタの遺伝子そのままのTPSとTMSに、戸田孝一郎独自のアイディアや工夫を随所に盛り込み、汎用性と使い勝手を高めた**「アジャイル仕事術」**とでもいえばいいでしょうか。元来アジャイル（スクラム）

とは**「世界標準のチーム戦術」**と紹介されるように、その思想、手法の根源であるリーン、トヨタ生産方式（ＴＰＳ）も同様にチームで成果を上げるための考え方、手法であり、自律したチームとしての行動習慣を対象としていますが、チームとしての成果を上げるためにはその構成員である個々人の行動習慣も大事な要素になります。

本書では、読者のみなさんがまずは自分ひとりでもやってみようとチャレンジしていただけるようにアレンジをして、個人でできる手法や考え方を中心にわかりやすく紹介します。さらに、現場で働く個々のビジネスパーソンの機動力を向上していただけるよう、できるだけ身近なヒント、導入しやすいノウハウを盛り込むことにも意を注ぎました。

とはいえ、現在のビジネスシーンにあって、まったくのひとりで作業をし、仕事を進めていくことはあり得ません。その意味で、個人の機動力を高めるアジャイルワークは、そのままみなさんが属するチームや組織を大きく変えていくはずですし、そうしたより大きな変化へとつなげていくためのアイデアも、さまざまに学んでいただけることと考えています。

ここから始まる「アジャイルワーク」という仕事術は、**ビジネスにおいて一番大事な時間と個人の能力を最大限に活用するための、とっておきの手法**です。製造や開発に関わる方はもちろんのことこれまで効率や生産性を問われることの少なかった、ホワイトカラーのビジネスパーソンのみなさんには、特に大きな変化と成果、メリットを実感していただけると考えています。

それではいよいよ、アジャイルワークをあなた自身の武器にしていただき、**「半分の時間で倍の仕事量を達成できる」**という効果を体感していただくべく、そのはじめの一歩を踏み出していきましょう。

目次

第2章

「アジャイルワーク」の基本を学ぶ――5つの要素で素早く仕事に取り組み、こなす……69

終章

アジャイルワークが目指すもの、そして変えるもの

第1章

「アジャイルワーク」は何をもたらすのか？

―― 日々の仕事に潜む「ムダ」は、なぜ生まれるのか

AGILE WORK

どうして仕事は決められた時間内に終わらないのか？

序章を読んでくださったみなさんには、本書で学べる「アジャイルワーク」のおおまかなイメージをつかんでいただけたと思います。

ただ、その考え方やノウハウを身につけることで、何がどう変わるのか？　たんに仕事が速くなるという（それだけでも驚くべき効果があると思いますが）だけでなく、日々の仕事に、そしてビジネス上の大きな目標や利益に、それがどのように大きな変化をもたらすかについて、この章ではみなさんが実際に直面しておられる身近な問題との関連から見ていくことにしましょう。

とっかかりとして考えるのは、毎日の作業において最も多いはずの**「仕事が終わらな**

い、間に合わない」問題です。最近は特に「働き方改革」を形だけでも遵守しよう、「定時になったら帰宅しなさい」という会社側と、「でも、仕事が終わらない」という社員の間で〝ジタハラ〟という新しい言葉も生まれているとか。また、コロナ禍で定着したリモートワーク環境で、自分の仕事のペースがつかめず、平日も週末も休日もなく常に働かなければならないという声もよく聞きます。

なぜ、人によって仕事の処理速度が異なるのか

そうした話を耳にするにつけ、私たちには誰しも1日24時間というものが平等に与えられているはずなのに、同じだけの仕事をするうえで、その処理の速度に大きな差が生じるのはなぜなのか、不思議に思ったことはないでしょうか？　効率よくどんどん片付いていく人と、毎日の決まった仕事がなかなか終わらず、残業残業の繰り返し、はては休日出勤や家に持ち帰っての仕事など、どう見ても効率の悪い働き方をしている人が出てくるのはどうしてなのでしょう？

スキルの差でしょうか？

それとも、経験の差なのでしょうか？

残念ながら、どちらも不正解です。

なぜなら、こうした差は同程度の技能をもち、同じような経験を積んだはずのベテラン同士でも、必ず起こってくるからです。それどころか、場合によっては**「スキルや経験の豊富なベテランのほうが、そうではない人に比べてひとつの作業に時間がかかる」**という驚くべき結果も、私はこれまでの経験で数多く見てきています。

では、人によって作業を終えるスピードに差が出てしまう、本当の原因はどこにあるのでしょう？

答えはずばり**「時間の使い方の差」**にあるのです。

こう言うとみなさんは「何をそんな当たり前のことを」と、拍子抜けされるかもしれません。でも、ちょっとお待ちください。みなさんはそもそも、ご自分の日々の時間の使い方について客観的にこれを見たり、考えたりしたことがあるでしょうか？　それ以前に、仕事の時間それ自体がどのように成り立っているか、きちんと理解をしているでしょうか？

序章において書いた通り、本書でお教えするアジャイルワークの考え方の基本は、その

図1　仕事を分析する

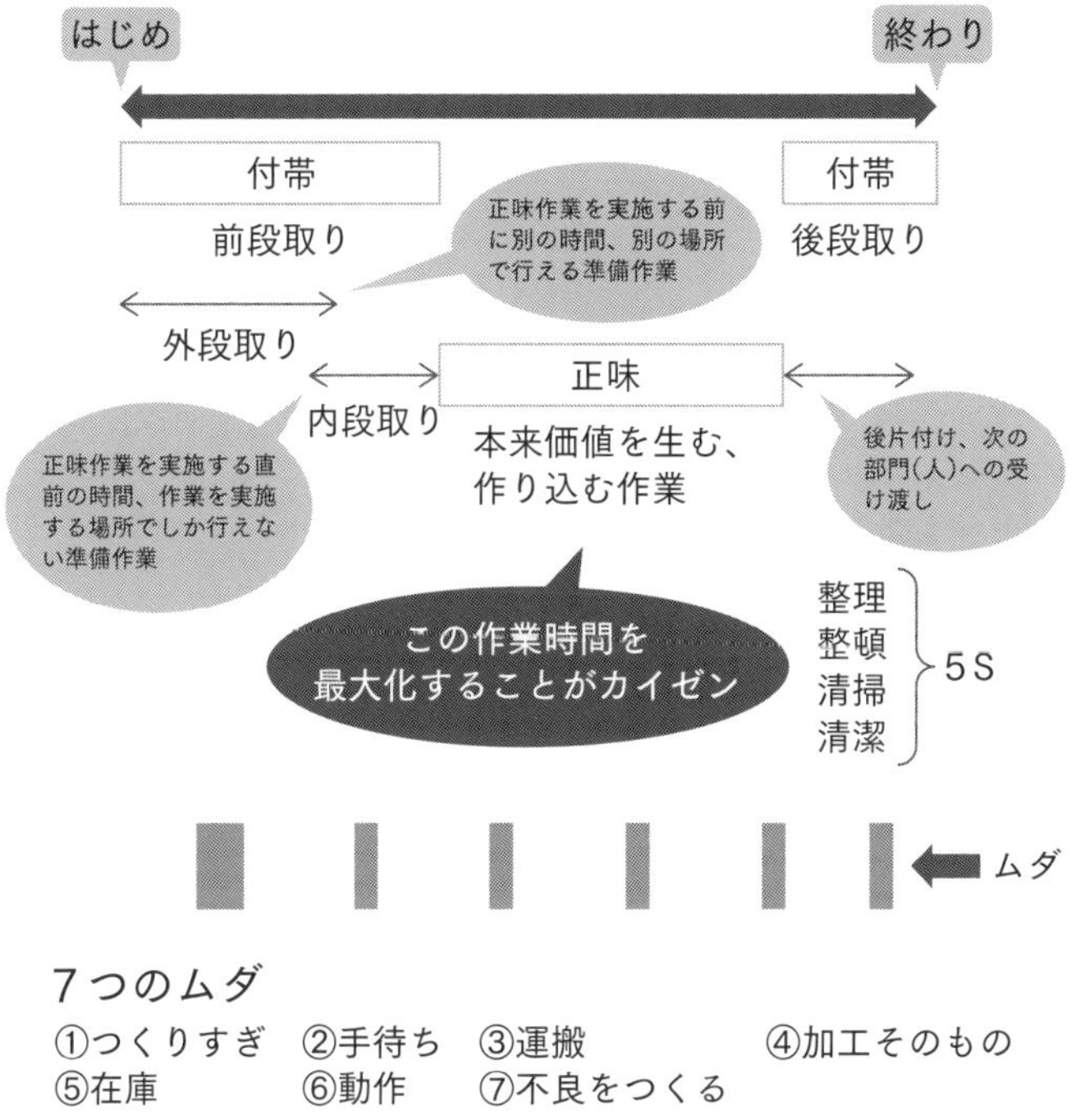

はじめ
終わり
付帯
前段取り
付帯
後段取り
正味作業を実施する前に別の時間、別の場所で行える準備作業
外段取り
正味
内段取り
本来価値を生む、作り込む作業
正味作業を実施する直前の時間、作業を実施する場所でしか行えない準備作業
後片付け、次の部門(人)への受け渡し
この作業時間を最大化することがカイゼン
整理
整頓
清掃
清潔
5S
ムダ
7つのムダ
①つくりすぎ　②手待ち　③運搬　④加工そのもの
⑤在庫　⑥動作　⑦不良をつくる

多くをトヨタのＴＰＳやＴＭＳに負っています。そのトヨタで、誰もが共通の理解としてもっているのが、時間には次の３つの分類があるという考え方です**【図1】**。

①正味時間　：付加価値を生み出す時間
②付帯時間　：正味時間にするために必要な行動
③ムダ　　　：付加価値を生むでもなく、準備をするでもなく、何の価値もない時間

どうでしょう？　ご自身の仕事時間の使い方について、こんなふうに分けて考えたことは、意外にないのではありませんか？

仕事時間の3つの使い方を分析する

もう少し詳しく書くと、①の**「正味時間」**というのはまさに仕事の本体で、工場ならば製品を作るために実際に手を動かす作業時間であったり、ソフトウエア開発ならプログラムをせっせと書く時間。ホワイトカラーのみなさんならば、お客様への見積書を作成したり、社内向けの提案書を書いたり、営業として客先や取引先に出かけることもその範疇に入るでしょうか。

次に②の**「付帯時間」**ですが、これは①の作業をするうえで必要な準備、円滑に進めるための段取りなどに当たります。たとえば、カレーをつくるという作業（①に当たります）のために、野菜や肉をそろえ、これを切っておく、鍋や調味料などをすぐ使える状態にしておく時間、といえばわかりやすいかもしれません。それをきちんとしておかないと、いざ鍋を火にかけてから「ジャガイモはどこ？　あ、ニンジンを切るのを忘れた！　カレー粉がきれていた！」という具合にバタバタするばかりで、かんじんのカレーづくりはいつまでたっても進まないことになるでしょう。

工場ならラインごとにその日の作業に必要な分の部品や材料を決められた位置に配したり、できた製品を工場内で移動したり。ソフトウエア開発では、その日に書くべき部分をスタッフ一人ひとりが確認・周知しておくといった作業がこれに当たるでしょう。ホワイトカラーでも、営業に行くための先方へのアポイントメント取り、見積書の適否を上司に確認してもらうなど、さまざまな作業がすべて「付帯時間」として「正味時間」を下支えするのに必要です。

こうした作業を、昔の人は「段取り」といい、何かをしようという場合は何より大切にしたものですが、私の見るところではかなりの人がこれをきちんとしていないために、③のさまざまな「ムダ」をしているように思います。そこで本書では、この部分を**「ダンドリ」**というノウハウにまとめており、後の章で詳しくご説明していきます。

続いて③の**「ムダ」**ですが、これは本当に仕事上で何の価値も益も生まない時間です。その内訳も②の「付帯時間」がしっかりできていないことで生まれるムダもあれば、それ自体で生まれてきては①や②の足を引っ張るムダもあり、なかなか一筋縄ではいきません。

そこで、ふたたびトヨタ社内の定義を引いてみることにしましょう。TPSでは**「7つのムダ」**という名称で、仕事の速度と効率、さらには品質や収益性を低下させる要因を**【図2】**のように分類しています。

ムダを減らして生産性を最大限高める

仕事時間の3分類でいえば、この**③の「ムダ」が多ければ多いほど、①や②に使うための時間は奪われてしまい、その分、速度や効率はどんどん低下**するのは当然でしょう。今

図2　7つのムダ

ムダ	事例
1　つくりすぎのムダ	●売れないかもしれないのに、材料が安いからといって作る ●パンフレットを多く作ると単価が下がるので、必要以上に多く作る
2　手待ちのムダ	●自分の受け持ちがなく仕事を待っている ●お客さまが来ないからといって何もせずに待っている
3　運搬のムダ	●通勤かばんの中に必要なもの以外を入れて毎日運んでいる ●レストランのフロア担当者が、お客さまのテーブルに注文の料理を届けて、帰りに食べ終わったお皿を引かずに帰ってくる
4　加工そのもののムダ	●鉄板焼きを行うのに、材料を細かく切りすぎてしまう ●使う目的が明確でない資料に対して、時間をかけて作成する
5　在庫のムダ	●少ししか使わないのに、今後も使うかもしれないとまとめ買いをしてたくさん在庫が残っている ●現場で利用価値の低いドキュメントや仕様書をたくさん作って、誰も利用しないでサーバに残っている
6　動作のムダ	●ソフトウエアの開発で必要なドキュメントが入っているサーバの中を探す動作 ●会議を行うのに間違えて違う会議室に行ってしまう
7　不良をつくるムダ	●お客さまに製品を提供したあと、クレームが来て返品になる場合 ●お客さまの要求を満たすサービスができずにクレームが来た場合

日やるべき仕事は定時までに終えられず、それが重なることで週単位、月単位の遅れが生じ、あなた自身はもちろん、チームや会社全体に大きなマイナスを与えることになります。

逆に言うと、**③をどんどん減らし、ついにはゼロにすることができるなら、与えられた労働時間は①や②の本来必要な部分にフルに充てられるようになり、スピードや生産性はどんどん上がっていく**はずです。すなわち、**これらのムダを一つひとつ検証し、減らし、なくすための仕組みづくり**こそ、本書が目指す「アジャイルワーク」の最も大きな目的であると言っても過言ではありません。

「仕事に潜む「ムダ」① ――頭の中の試行錯誤を追放せよ」

そこでまずは、ご自身の現状がどうなっているかを知ることから始めてみましょう。

やり方は簡単、**ある1日の自分の行動のログを5分ごとにチェックし、それを書き留めておく。**つまり、序章でふれた「見える化」を、ご自分の仕事について行ってみるのです。5分ごとですので少々慌ただしいですが、改善のためにはまず現状を把握することが大切ですので、ぜひきちんとメモをとるようにしてください。

1日分のログができたら、見返してみます。自分の行動というのは、ふだんはほとんど意識することなくやっていることが多く、「ムダはない」と思っていても、このように「見える化」すれば一目瞭然。たとえば、必要な書類が見つからず机のあちこちをひっくり返していたり、ミーティングのためのスペースを探して社内をウロウロしてしまったり、提出した文書に不備があって上司に再提出を命じられたり……。想像以上に多くのムダな時間を費やしているのに気付くはずです。

自分の時間の使い方を客観的に再認識する、この方法は**「5分表」**といって、やはりトヨタ（TPS）で最初に見える化するカイゼンのための第一歩です。工場はむろんのこと、営業職や事務職、研究開発部門などすべての職種の人が折にふれてこれを行い、各人が自らのムダを発見することから、世界最速ともいわれるアジャイルワークは生まれているのだ、ということにあらためて驚きを感じます。

「7つのムダ」を可視化すると？

ご自分の「5分表」と、先ほどの「7つのムダ」を見比べてみた場合、「ああ、これをやっているな」と感じる点が多々あるかもしれません。工場などのハードウエアの生産現場では、以前から5S（整理・整頓）運動、スタッフの交替に伴う厳しい時間管理などで相当に改善がなされているはずですが、特にホワイトカラーと呼ばれるみなさんの場合、個人個人がそれぞれの予定、それぞれのやり方で行動することが多いため、こうしたことはほとんど自分自身でも意識することがなかったのではないでしょうか？

なかでも、ホワイトカラーの方にありがちなのは、4の**「加工そのもののムダ」**と7の**「不良をつくるムダ」**ではないかというのが、これまで多くの事例を見てきた私の考えるところです。

「不良をつくるムダ」から見ていきましょう。

工場の場合、アウトプットとしての製品に問題があれば、それは一発でアウトです。検品段階ではねられた製品は、それに費やした時間や用いられた部品まで、すべてがムダになります。一方、ホワイトカラーの場合、この「不良」に当たるのは何でしょうか？

たとえば、先ほどもあげた文書、あるいは計算やデータの不備による、いわゆる**「手戻り」**すなわち**「やり直し＝redo」**がそうであるのは、すぐわかると思います。同じ文書の作成や計算を何度も何度もやり直し、社内を行ったり来たりする――確かにムダな時間ですが、実はそれよりもはるかに膨大な時間が「不良をつくる」ことに費やされているのに、みなさんはほとんど気付いていないかもしれません。しかも、それは他ならぬみなさん自身の内部で起こっているムダなのです。

なかなか気付けない「思考の不良＝ムダ」

ホワイトカラーの仕事、その多くはひとりひとりの頭の中で「考える」という部分が占めています【図3】。見積書ひとつをまとめるにしても（3つの時間でいえば①に当たります）、その日の営業計画を立てるにしても（同じく②に当たる時間です）、「ああしよう、こうしよう」「これではダメかもしれない」「あれならどうだろう?」そんなことを考え考え、迷い迷い仕事を進めていく。それが自分たちの「仕事」であり、そこにこそ存在意義があるというふうに考えてはいないでしょうか?

そこに、大きな落とし穴があります。

ああでもない、こうでもない、と考えるというのは、そのたびにひとつの選択肢を捨てるということであり、それはとりもなおさず**「(思考の) 不良をつくる」**ことにほかなりません。つまり、**当人は懸命に生産活動をしているつもりでいながら、膨大なムダを行い、与えられた時間を空費していることに気が付いていない**のです。

もう一度、ご自分の「5分表」を見てください。きっと、そんなムダな時間がいたるところに見つかるでしょう。社内文書を書きながら細かな言葉尻に迷って時間が経ってし

図3　タスク・ボードとは？

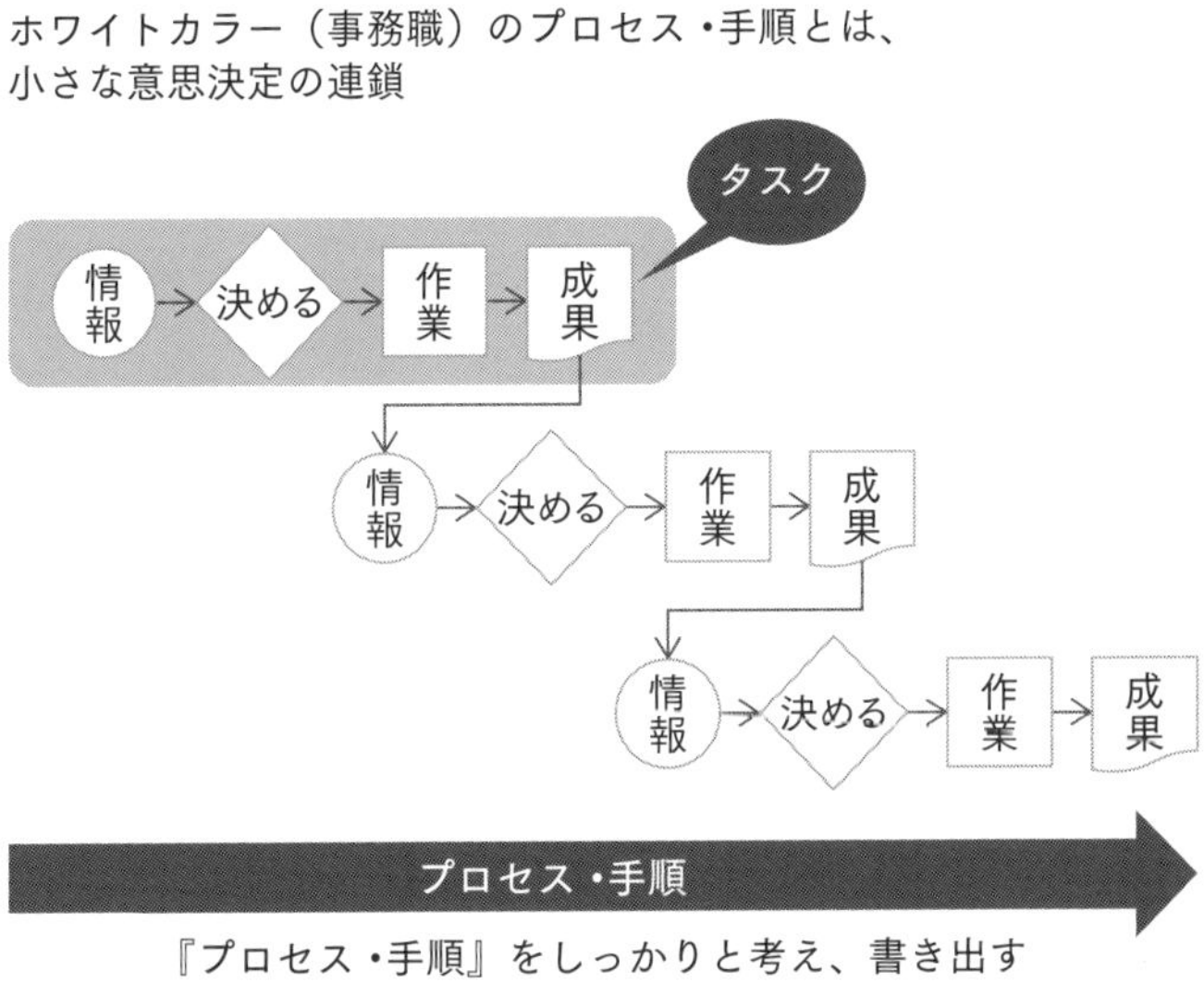
ホワイトカラー（事務職）のプロセス・手順とは、
小さな意思決定の連鎖
タスク
情報
決める
作業
成果
情報
決める
作業
成果
情報
決める
作業
成果
プロセス・手順
『プロセス・手順』をしっかりと考え、書き出すまったり、お客様への電話をかけるのに「どう話そうか」と考えあぐねて何分も過ぎてしまったり、ひどい時は何かを考えているうちにそれが何だったかも忘れてボーッとしてしまったり。それぞれの時間はわずかに思えても、繰り返され、積もり積もっていくうちに何時間にもなって、結果、かんじんな仕事の時間が奪われて押せ押せになってしまう——これほどもったいないことはありません。

頭の中の試行錯誤をムダにしないポイント

こう書くと、「頭の中でいろいろと考えるのは、大切な試行錯誤であり、ムダなどとはとんでもない」と反論される方がいるでしょう。もちろん、仕事において試行錯誤は大切なプロセスですが、問題はそれが他人からまったく見えないまま、無為に個々人の頭の中で行われているという点にあります。

ならどうすればいいか？　簡単なことで、**頭の中の試行錯誤もどんどん「見える化」してしまえば良い**のです。

ああだこうだと迷うのを止め、ともあれアウトプットしてから、周囲の人の意見も入れつつ検討すれば、結論は速く出て、本当にやるべき作業もどんどん先に進められます。「それでは失敗も増えるのでは」というのは杞憂であり、途中途中で小出しに失敗をしていくほうが、結果としては時間のムダは大きく減らせるもの。逆に、**試行錯誤を自分だけで抱え込み、その間に膨大なムダをしたあげく、最後の段階で大きな問題が出てきてしまうほうが、ビジネスにおいては致命的な失敗であり、リカバリにかかる時間も含めて実に大きなムダになる**のは火を見るより明らかです。

そうした考えに立ち、たとえばアジャイルの手法を使ったプログラム開発では**〝ペアプロ〟**といって、しばしばひとつのプログラムをふたりひと組のコンビによって書かせる方法を用いることがあります。

そうして、一方はどんどん手を動かしてパソコンのキーをたたき、それをもうひとりがそばで見ていて、「そこはそのままでいいよ」「あ、そこは元のままのほうがいいんじゃない？」などとどんどんツッコミを入れていく。要は、**作業をする側がムダに迷う時間を減らすために、その都度の選択を相棒にまかせてしまう**わけです。これならば、**あれこれ考えて手が止まることもなく、小さな失敗もその場その場で解決されるため、アウトプットにおいても大きな問題が起きる心配がありません。**実際、この方法を導入すると開発の速度は一気に2倍、さらに3倍になることもざらにあります。

いわば、考えながら動き、動きながら考える、それがアジャイルワークの原則のひとつであり、そこには失敗=悪という固定観念すらありません。私がコンサルティングをしている企業様には「失敗の自慢大会」なるものを定期的に開いているケースもあるほどで、そうした組織のほうがかえって著しい成長をしておられます。

思い起こせば、かつての高度成長期、勢いと元気にあふれた日本の会社には、松下幸之助さんの「やってみなはれ」に見るように、失敗を恐れず、とにかく動けという前向きのチャレンジ精神がありましたが、あれこそが今求められるアジャイルの思想そのものだったと言えるのではないでしょうか。しかも序章で述べたように、その精神と手法は今やGAFAに代表されるアメリカ西海岸の企業の専売特許になりつつあるのです。

仕事に潜む「ムダ」②
――「こだわり」「やり過ぎ」の弊害

仕事が時間内に終わらない大きな原因のうち、もうひとつの**「加工そのもののムダ」**についても、アジャイルワークの側面から考えてみましょう。

これについては、ホワイトカラーの方はもちろん、ハードウエア、ソフトウエアの生産や開発にたずさわる人にも、まま見受けられるやっかいなムダと言えます。

みなさんは**「仕事の量は、完成のための時間をすべて使いきるまで膨張する」**という言葉を聞いたことがおありでしょうか？　これは、イギリスの政治学者C・N・パーキンソンが提唱した**「パーキンソンの法則」**と呼ばれ、本来は官僚の仕事の非効率さを揶揄するためのものでしたが、アジャイル手法を研究する私からすると、広く企業とそこに勤めるビジネスパーソンにも当てはまる法則に思えてなりません。
これはつまり**「仕事というのは、放っておくとどんどん増えていくもの」**である、ということ。そして、それを増やしているのは、ほかならぬ当事者自身であることを如実に物語る法則であり、実際に先ほどの「5分表」に現れたご自分の動きや、周囲の人たちの働き方を見れば、「ああ、あれか」と思い当たる点が少なくないと思います。

あくまでも仕事の本質を追求する

たとえば、必要以上の装飾や必要のない機能まで「これでもか」と付けてしまいがちなハードウエアの設計、あれもこれもと欲張るあまり重くて使い勝手の良くないものになってしまうソフトウエア開発、ホワイトカラーの場合はパワーポイントの資料づくりに凝りすぎてかんじんな内容が薄っぺらなプレゼンテーションなど……。本人は「良かれ」と思っているにしても、その仕事が目指す「本質」をよそに見当違いのオーバースペックを追求するのは、すべてパーキンソンの法則を地でいくものです。（カレーにたとえるなら、必要以上に器に凝ったり、人を驚かせる盛り付けにのみ神経を遣ったりするようなやり方と言えるでしょうか)。

　こうした「加工そのもののムダ」は、個人はもちろん、会社全体を見てもあちこちに潜んでいて、しかも多くの場合に「いいこと」であるかのようにとらえられている点に、大きな落とし穴、カン違いがあります。

　必要以上の大袈裟な手段で事に当たるのを「牛刀をもって鶏を割く」(いわばチェーンソーで楊枝を削るようなもの)と言いますが、それはビジネスの場でもまったく同じです。本来必要ではない過剰なスペックは時間や労力をムダに使うだけでなく、その仕事に求められる精度や、アウトプットの質をそこなう可能性が高いという点で、二重に問題があると言えます。

　ソフトウエアでいえば、本来の目的を十分に果たすことこそ開発に求められる本質であり、プレゼンテーションで聞き手が本当に求めているのは、アニメーションなどの派手な視覚効果ではなく**「何が言いたいか」**という提案の内容です。その点をはき違えてしまうと、時間はいくらあっても足りず、苦労のあげくのアウトプットは見当違いや的はずれ、品質に難のあるものになりかねません。そのうえ、先にあげた頭の中での「ああでもない、こうでもない」のムダまで加わると、ますますひどいことになります。

事実、私の見る限りでは、仕事のスピードの速い人は質の面でも十分に高いもの。反対に、遅い人は残り時間に追われて仕上がりにムラが出たり、質は高くても倍の時間をかけて締め切りに間に合わなかったり、どこかにマイナスの出るのは避けられません。その点、しばしば言われる「仕事が遅くても、ていねいな仕上がり」というのは、現実のビジネスの場ではあり得ないことと言えるでしょう。

ベテランこそ陥りやすい「加工そのもののムダ」

にもかかわらず、こうしたムダがなかなか見直されないのは、どうしてなのか？　それは、これらの**「加工そのもののムダ」がもっぱら、スキルや経験を積んだ（と思われている?）ベテランに集中して見られる**からで、周囲はもちろん、その人自身もそうしたムダをしていることに気付きにくい点に理由があるのだと、私は見ています。

言い換えるなら、職場において「あの人は仕事ができる」「まかせておけば大丈夫」という人ほど、こうしたムダを犯しがちなため、周囲はそれと気付かなかったり、気付いても指摘しにくかったり……。そのせいで、本人はせっかくの経験をプラスに活かせず、本来のキャリアとスキルに見合った速さと質に及ばないというわけです。

さらに悪いことに、日本には以前から「職人かたぎ」というように、熟練者がこだわりをもって仕事をすることをたたえる考え方があり、それこそが「ものづくり」を支えているかのように思われています。もちろん、一点ものの伝統工芸品や、へらしぼりに代表される特殊技能などの場合はそれもありかもしれませんが、**ほとんどの生産現場、あるいはホワイトカラーの日常的なビジネスにおいて、そうした考えがひとり歩きするのはあまりいいこととは思えません。**

なぜなら、20世紀末から21世紀に入り、テクノロジーをはじめとするビジネス上の〝常識〟はますます進化のスピードを速めている。インターネットの世界では「ドッグイヤー（dog year：犬の成長の1年が人間の7年に当たることから、変化のスピードが速いこと）」と言われるように、もはや10年前どころか5年前、いや1年前でもなく半年で知識やスキルさえ通じないケースが増えているなか、**ベテランや熟練という概念そのものがプラスのものとして成り立たなくなってきている現実がある**からです。

そうしたなかで、一部のベテランが「自分には経験やスキルがある」と思い込み、仕事を抱え込んで無用のこだわりを通したり、やらずもがなの「牛刀」を振り回すのは、アジャイルワークの観点からは「百害あって一利なし」と言えます。

では、こうしたオーバースペック、「加工そのもののムダ」を減らすにはどんな方法が有効かというと、ここでも**「見える化」**が大きなカギになります。

一番手っ取り早いのは、先ほどの**〝ペアプロ〟**、すなわちコンビによる作業で、ベテランと入ったばかりの新人を組ませるというやり方です。たとえばプログラムを書く場合など、ベテランほど独自のこだわりをもっているために同じ工程を引くのに妙な迂回路をつくったり、不必要な行を書き込んだりすることがありますが、そうした点を相方の若手からどんどん質問していくのです。

これによって、従来はベテランの頭の中にしかなく、周囲からは手の出しようがなかった無用のこだわりや、儀式めいたプロセスがどんどんとふるいにかけられ、そこに使われていた時間と手間がおおいに節約できる。それは、**当のベテラン自身に仕事の「本質」への気付きをもたらし、硬直していた作業のプロセスに新たな活力を与える**ことになります。

「ペアプロ」によってコミュニケーションしながら生産性を高める

この、ふたりひと組の作業の仕組みはホワイトカラーの仕事にも効果大で、たとえば私がコンサルティングさせていただいた関西のある大手企業の営業部門の例では、提案書を作成する作業をふたりひと組のチームとしてベテランと若手のコンビにしたところ、企画書や見積書などのアウトプットにかかる時間が一気に半分に減りました。

その様子を見ているると、ベテランが話す内容を書いている若手が**「先輩、なんでそんなひと言入れなあかんのですか？」**とツッコみ、先輩が**「それな、そうしたほうがわかりやすうなるやろ？」**と答えるのに**「そんなことない思いますよ、それならこっちゃのほうがわかりやすいですわ」**と若手がすかさず切り返すなど、関西の企業らしく漫才さながらのやりとりのうちに、文書が次々にできていきます。そんなことが、オフィスのあちらでもこちらでもワイワイガヤガヤ行われていて、一見すると「これできちんとした作業ができるのかな？」と不安になるかもしれませんが、あにはからんや静かなオフィスで人知れずムダな時間が流れていくのに比べると、はるかに効率がアップすることはこれまでの実績でも証明済みです。

近年は特に、メンバー一人ひとりをパーテーションやブースで仕切り、それによって集中力が上がるという考え方が主流になっているようですが、実際には集中力が高まると周囲の環境などは自然に気にならなくなります。環境ばかりを整えても、集中力は上がるどころかひとりきりで悶々と考え込み、止まってしまうことで効率が低下してしまう――ざわついた満員電車でも読書はできるというシンプルな事実は、みなさんも経験されたことがあるのではないでしょうか。

「ムダを捨てれば効率も質もアップする」

ここまで、「仕事が終わらない、間に合わない」という、製造現場や開発現場、さらにはホワイトカラーの業務において最も身近な問題について、原因と基本的な対処の考え方を見てきました。

読者のみなさんには、次の7つの点がおわかりいただけたかと思います。

①時間には3つの種類があり、自分ではそれになかなか気づかないこと
②まず自分の時間の使い方を「見える化」し、客観的に評価すること
③何の役にも立っていない「ムダ」が、大切な仕事の時間を奪っていること

④特に気を付けるべきは「不良」と「加工」のムダであること
⑤ホワイトカラーにおいては、自分自身の内なるムダが大敵であること
⑥頭の中の試行錯誤と、無用なこだわりの「見える化」が大切であること
⑦内なるムダを減らせば、仕事の速度と効率、質の向上にもつながること

これを要約するなら、アジャイルへの第一歩は**「一人ひとりが内なるムダを発見し、これを徹底して〝断捨離〟すること」**にある、と言えるでしょう。それによって、時間という誰しも等しく与えられ、しかも限られたリソースをより有効に活用できます。結果、**「仕事が終わらない、間に合わない」という悩みに答えを見つけられるばかりか、従来よりも早く、質の高いアウトプットができる**はずです。

アジャイルワークが組織と個人を幸せにする理由

もちろん、ここまでの話はあくまでアジャイルワークの入り口であり、その理論や実践のためのノウハウ、もたらされるメリットには実に深く、幅広いものがあります。ただ、その考え方の方向性、方法論のヒント、日々の仕事に現れるさまざまな変化については、あらましご理解いただけたのではないでしょうか。

そのうえでひとつ、注意していただきたいのは、**アジャイルワークは単なる労働強化とはまったく違う思想である、**という点です。

私が企業にコンサルティングにうかがう際、アジャイル仕事術の目指すところが**「ムダをなくしてスピーディかつ効率よく、成果をあげること」**であると言うと、現場の社員のみなさんは初めのうち、しばしば冷ややかな反応を示します。そこには、新しいことを始めるにあたっての警戒心はもちろん、アジャイルワークを「要するにもっとガンガン働いて、会社に利益をもたらすようにしろってことでしょう?」という、一種の労働強化としてとらえている面も少なからずあるようです。

そうした場合、私は**「アジャイルな働き方は組織にとって大きなメリットがあるのと同時に、働くみなさんの一人ひとりにはそれ以上のハッピーがある」**という点をお話しし、具体的には**「ムダなこと、よけいなことをしないで、さっさと仕事を終えられれば、自分の時間が増える」**とのメリットをお示しししています。事実、導入が進むにつれ、一人ひとりの仕事の効率は日覚ましくアップ。与えられた時間のうちに仕事がきちんと終わるようになり、ダラダラと残業をしたり、家に仕事を持ち帰ったり、休日出勤をしたりする必要はなくなります。当然、アフター5や休日には自分の時間を満喫できるようになり、生活全体が幸せになります。いわゆるワークライフバランスが、かけ声だけでなく本当の意味で実現するのです。しかも、仕事の面で見れば、同じ時間で以前の何倍もの成果をあげられるのですから、自然に評価も上がり、会社が成長する分だけお給料もアップする……となれば、そこに否やのあろうはずはありません。

そのうえ、後の章でご紹介するようにアジャイルの導入により仕事の「見える化」が進めば、キャパシティ以上の仕事を押し付けられそうになった場合、「Ｎｏ」の意思表示が一目瞭然でできるようになるなど、**「労働強化」とはまさに正反対**と言えるでしょう。その証拠に、私がコンサルティングをさせていただいた企業では、どこでも社員のみなさんが「アジャイルにして良かった」と前向きに評価してくださり、何より現場が率先してこれを推進するようになっています。

「自律的な働き方」が現場まで浸透すると？

一方、企業の側から見ても、社員のみなさんが自分の仕事を客観的に見つめ直し、ムダをなくそうと工夫をこらしてくれることは喜ばしいことです。私はよく、これを**「一人ひとりが自分の椅子の重みを考えるようになる」**と表現していますが、自分の座っている「椅子の重み」、すなわち会社が自分に期待してくれている価値を自覚すれば、自然に組織の一員としての振る舞いがわかるようになり、自らのなすべきことの「優先順位」が見えてくる。そうした自律的な働き方（先にあげたひとりよがりな「こだわり」との違い、おわかりですね？）が現場まで徹底している組織は、どのような逆境にあっても前進し、その進化が止まることはありません。

これとは逆に、自律的な働き方のできていない組織では、現場の一人ひとりが「椅子の重み」を自覚せず、仕事の本質＝優先順位がわからないまま、個々がばらばらに試行錯誤にふけったり、無用のこだわりに時間をかけたりで、全体としてのまとまりに欠け、すべての面で効率が悪く、誰もが「これでいいだろう」と勝手気ままなやり方を通し、上司はといえば「うまくいっているはずだ」と希望的観測で管理をしたつもりになっている――

それでは逆境どころか平時にあっても、とうていうまく機能していくはずはないでしょう。

その意味で、アジャイルワークにあっては**「だろう」「はずだ」に代表される暗黙の了解＝「暗黙知」を徹底的に廃し、組織の全メンバーが等しく客観的に確認し、理解できるかたちでの「形式知」にすることが重要**であり、それがこれまで何度もあげてきた「見える化」の目的にほかなりません（詳しくは後の章でご説明します）。

すなわち、その月、その週、その1日の仕事の目標、その進め方、そして進捗状況……すべてにおいて暗黙知をなくし、誰が、どんなやり方で、何をやっているかを含め、**すべてを形式知として掲げ、共有していくこと。**それが完全にできるようになれば、もはや個々のスキルや経験を必要以上に頼む必要はなくなり、また、上司を納得、安心させるためだけに提出される報告書（後述するように、それ自体が大変な労力を必要とするムダの最たるものです）も、もはや無用になるでしょう。

「VUCAの時代に個人と組織の潜在能力を100％引き出す！」

こうして、個人と組織においてアジャイルの思想がもたらすさまざまな変化を考えるとき、その究極の姿として立ち現れてくるのが、やはりトヨタです。

トヨタ（TPS）においては、そもそも「暗黙知」としての曖昧な情報は一切通用することがありません。**すべての情報は、誰もが知り、活用し、全体で共有できる明快な「形式知」としてやりとりされ、しかもそのすべては作業が行われているその場、その時を基準としてリアルタイムに把握される**のが鉄則です。

「現場で今起こっていることを見て、判断するファクトコントロール」というその鉄則――有名な、トヨタの「現地現物」は英語でも「GENCHIGENBUTSU」と表記されるほど、世界で有名なアジャイルの極致であり、目の前の現実から次になすべきこと、打つべき手を瞬時に判断できる文化があって、はじめて速さとレジリエンシー（しなやかさ）を兼ね備えた〝世界最強〟の組織たり得ると言えるでしょう。たびたび書いてきたように、これを積極的に取り入れているのがアメリカ西海岸、GAFAに代表されるシリコンバレーの企業群であり、その強さはトヨタの「見える化」をお手本にするなかで育まれた点、間違いはありません。

先の見えない時代と社会に必要なスキルとは

こうしたものの考え方は、西欧、特に近代以降の思考の定型であるロジカルシンキング、原理原則をもとに現実を分析する「演繹《えんえき》的思考」とはまったく逆で、個別の事象を観察し、そこにある命題を新たに発見するファクトコントロール、**「帰納的思考」**に基づくもの。

たとえば、今なお演繹的なロジカルシンキングに頼り、前例や既知のデータをもとに「こうなるはずだ」「こうあるべきだ」という考え方に陥りがちな東海岸の金融系企業などに比べ、トヨタやGAFAの市場や社会の変化への順応のスピードがまったく違うのは、当然と言えるでしょう。

そして、それが何よりはっきりと現れたのが、コロナ禍やウクライナ紛争といった不測の事態が当たり前となった、いわゆるＶＵＣＡの時代における、これらの企業群とその他との対応の差にほかなりません。

これまでのように、過去の情報や前例によってある程度正確に未来を予測できた時代とはまったく異なり、そもそも先を見通すことが不可能となった現在においては、従来型の演繹的思考では対処すること自体、困難です。何が、いくつ、いつ、どこで必要とされ、それを提供するには、どの材料を、どれだけ、いつまでに、どこに集めなければならないか――そうしたテンプレートの計画に当てはめて、生産やサービスの提供を行う方法では、いつ、何が、どこで起こるか見当もつかないＶＵＣＡの時代には、とても対応ができないからです。

それは無理もない話で、こうした計画の立て方は今から１００年も前の20世紀初頭、アメリカの技術者であるフレデリック・テイラーが提唱した**「テイラー主義」**あるいは**「科学的管理法」**と呼ばれる方法。大量生産・大量消費が当たり前の時代でこそ、おおいに役に立ちましたが、20世紀末以降、21世紀に入って消費者の嗜好が多様化の一途をたどり、生産しても売れない「もの余り」の時代にあっては、小回りが利かず、大量につくったものはすべて在庫として積み上がることになります。

すなわち先にあげた、トヨタ（TPS）の7つのムダで言えば1の「つくりすぎのムダ」や5の「在庫のムダ」そのものであり、そこへ追い討ちをかけるように、計画すること自体が無意味となった不確実な時代が到来したのですから、世界中で多くの企業が立ち往生の態を見せているのも当然と言えるでしょう。そうしたなか、トヨタだけがおおいに気を吐いているのは、あくまでファクトコントロールを第一にした「現地現物」と、常にお客様の視点で考えるプル型の生産プロセス（必要な時に、必要なモノを、必要なだけ提供する、いわゆるジャストインタイム）を貫いていればこそです。

「7つのムダ」を排除し、生産性を劇的に向上させる

本書でご紹介するアジャイルワークのノウハウは、トヨタ（TPS）において**「7つのムダ」**を減らすために考案され、磨かれたいくつものアイデアから着想を得ています。

なかでも、ここで強調しておきたいのは**〝Respect for Human〟**すなわち**「人間性の尊**

図4　業績の計算式

$$\underset{【業績】}{\mathrm{OUTPUT}} = \sum_{i=1}^{n} \left(\underset{【個性】}{\mathrm{Personality}}\right)_i \times \left(\underset{【能力】}{\mathrm{Ability}}\right)_i \times \left(\underset{【やる気】}{\mathrm{Motivation}}\right)_i$$

重」というメッセージで、これを抜きにして世界に冠たるＴＰＳもＴＭＳも回っていくことはありません。そのことを示したのが、**【図4】**にあげたトヨタ（ＴＭＳ）における「業績」の計算式であり、ここでは**〝Personality＝個性〟や〝Ability＝才能〟よりも、まず社員一人ひとりの〝Motivation＝やる気〟を高めることが重要**とされています。

どのようなアイディアや工夫も、上からの命令、企業側の都合によって打ち出されるべきではなく、現場で働く社員一人ひとりが「こうしたい」「ここを変えたい」という切実な思いから、「やる気」をもとに発するべきという立場は、本書の内容にもそっくりそのまま当てはまるもの。先ほどもふれたように、**アジャイルワークは第一に働くみなさんの一人ひとりの幸せを生み出すための考え方であり、それが同時に組織や会社全体の業績をアップさせる**という点を、くれぐれも忘れないでいただきたいと思います。

次の章からはいよいよ、アジャイルワーク実践のためのノウハウと、ヒントについて具体的にご説明していきましょう。

第２章

「アジャイルワーク」の基本を学ぶ

── ５つの要素で素早く仕事に取り組み、こなす

AGILE WORK

「アジャイルワークの基本となる5要素」

ここまでの説明で、**アジャイルワークが仕事における無駄を排除し、現代ビジネスシーンで絶対的権威とみなされている「生産性」を飛躍的に向上させる――それによって一人ひとりにかかる無理な負荷を減らし、誰もが幸せに働けるようになる、**そんな最強のメソッドであることがおわかりいただけたと思います。

ここからはいよいよ、みなさんの日々の仕事にアジャイルワークをどのように取り入れていくか、その説明を行っていきましょう。

これまでにも少し触れてきましたが、アジャイルワークの手法は基本となる次の5つの大きな要素によって成り立っています。

①見える化
②振り返り
③ダンドリ（段取り）
④タイムボックス
⑤チーム

この5つがアジャイルの基本であり、また、すべてと言っても過言ではありません。これらを一連の流れとしてみなさんの仕事に組み込み、ごく当たり前のように機能するまで落とし込むことで効率化は確実に図れます。それぞれのワードは、昨今流行りのビジネス用語のような洒落たものではありませんが、どれも直感的に理解できるようなわかりやすさをもっていますので、「難しい話を聞かされるのか……」と身構える必要もなし。どうぞ肩の力を抜いて、ついてきてください。

本質や真理は、いつだってシンプルなものなのです。アジャイルワークにしたところで、**特別なスキルやスペシャルな能力などは身につけなくても大丈夫。**みなさんの誰もが、**日**

常的に実践可能な仕事術なのです。

実際、アジャイルの方法は、これまでみなさんが仕事をしていくうえで耳にしたことのある内容も多く含まれている、と気付くこともあるに違いありません。重要なのは、未知の新しい方法を編み出すことにあるのではなく、従来の価値観や方法をゼロベースで見直し、実行・継続していくことにあるのです。こういった意識を念頭に置き、読み進めていただければと思います。

1 「見える化」
――アジャイルワークの真髄ですべてを変える

アジャイルワークの基本となる5要素のうち、まずは**「見える化」**から説明していきましょう。

「見える化」こそが、アジャイルワークの基本のキ、一丁目一番地とも言えるほどに大切な要素であり、すべての出発点となります。最近は、この言葉も人口に膾炙《かいしゃ》し、やや手垢がついたかに思えることもありますが、アジャイルにおける価値はいささかも揺らぐことはありません。ではアジャイルにおいて「見える化」は、なぜそれほど重要なのでしょうか？

私がコンサルティングをする場合、「見える化」こそが基本のキとお伝えすると、必ずあがる声があります。それは、**「単に『見える化』と言われても、仕事におけるどのプロセスを可視化すればいいのか？」**という質問です。それに対し、私はひと言**「すべてです」**とお答えするようにしています。そう、**アジャイルワークにおける「見える化」は、仕事の工程全部がその対象になる。**それが、世間によくある「見える化」との根本的な違いであり、その徹底にアジャイルの成否はかかっていると言っても過言ではありません。

なぜなら、誰からも、どこからも、いつでも「見える化」することによって、そのプロセス、やり方、目的など、すべてを良いのか悪いのか判断できるようになり、次のステップとなる「改善」へとつながるからです。第1章でも指摘したように、あらゆる仕事は結局のところ、見えないために不備、不足、欠陥に気付かない、気付けないのであり、それでは無駄も無理もなくすことができないのです。

これが、アジャイルワークにおいて「見える化」が基本のキである理由であり、みなさんにはこのシンプルな原理をこの先、常に忘れないようにしていただきたいと思います。環境として、仕事のプロセスがリアルタイムで「見える化」されていることが、アジャイルには不可欠な要素なのです。

「見える化」の本質を考える

ここまで読んだみなさんのなかには「今日は朝○○をやり、昼から××をやりました」などと、上司に向けて日々提出する営業日報や業務報告を思い浮かべる方もいらっしゃるかもしれません。そんな、社員一人ひとりを〝モニタリング〟するような仕組みを思い描く人もあるかもしれませんが、**ここで言う「見える化」とはそういう形式的なやり方とは根本的に違います。**

みなさんがそんなふうに誤解されるのも、確かに無理はないかもしれません。実際、世に多く出回っている「見える化」の指南書のようなものは、煎じ詰めると「結果の見える化」を打ち出すような方法論に終始している傾向があります。先にあげた営業日報や業務報告にしたところで、「○○をやりました、××をやりました」という「結果の見える化」にほかなりません。そこに何が起こるかといえば、会社に利益をもたらすための本来の業務とは別に、第1章であげた時間の分類のうちの**「まったくのムダ」として、もう一工程やることが増えるという、効率化とは正反対の状況が生まれる**のです。

言い方が適切でないかもしれませんが、営業日報や業務報告をはじめ一般に行われている「結果の見える化」は、私からすると〝死亡診断書〟的なものに過ぎません。いわば「見せる化」とも呼ぶべき儀式――上司をはじめ他の誰かに見せるための作業であり、生産性アップや効率化に寄与するものがほとんどない事後報告といえばいいでしょうか。たとえるなら、死んでしまった人を前に「お亡くなりになりました。健康に気を付けてください」と、まったく見当違いのことを言っているようなものです。

そうではなく、**アジャイルワークにおける「見える化」の本質は「仕事のプロセスを見える化」することでなければ役に立ちません。**「結果の見える化」が死亡診断書とすれば、この「仕事のプロセスの見える化」は健康診断であり、今、瞬間瞬間に起きていることを可視化できていることが求められる。「〇〇は順調ですが、××には気を付けるべき兆候があります。気を付けましょう！」と、仕事に関わる全員がリアルタイムで確認し合い、注意を喚起し合い、必要に応じてサポートし合い、やり方や仕組みを柔軟に変えられる指針にならなければならないのです。

まずは「手順を書き出すこと」から始めてみる

ならば、具体的にどうすればよいのか？　ここではまず、今日からすぐに実行できて、なおかつ有効な手段として**「手順を書き出すこと」**から試してみてください。

ある業務に必要な工程、プロセスを一つひとつ、イチから順に拾っていき、箇条書きなどで全体の手順を確認するのです**【図5】**。

そうお教えすると、特に中堅以上のみなさんは「何を今さら新人のようなことを」と感じるかもしれません。それこそが、前の章で指摘した経験ゆえの落とし穴であり、だまされたと思って試しにやってみることをおすすめします。

実際、この手法を用いることのメリットはは[sic]かり知れません。まず、自分がやるべきことと、そこへ向けての手順が明確になります。あらかじめ書き出した手順通りに業務を進めれば良いのですから、作業の無駄を省けるのは当然です。それだけではありません。**手順を明確にしておくことで、意思決定をする回数を極端に減らすことができ、より効率的に業務をこなすことにつながる**のです。

これも第1章で説明したように、私たちは通常、仕事を行ううえで必ず「何かを決める」

図5　タスクの粒度を小さくする

1	レポートの主旨を確認し、レポートのストーリーを練る	30分
2	レポートの章立てを決める	10分
3	各章の基本を決める （文章、図、グラフ、データ、イラスト等）	30分
4	文章の下書きをする	30分
5	図やグラフを作成するためのデータを決め、 データを収集する	30分
6	PCを立ち上げ、Excel、PowerPointを起動する	5分
7	データをExcelに入力する（データをインポートする）	20分
8	グラフを作成する	10分
9	文章を構成し、PowerPointに入力する（コピーする）	30分
10	PowerPointのレイアウトを決め、 文章、図、グラフ、イラストを配置する	5分
11	④～⑩を必要ページ分繰り返す	
12	レポート全体を通して確認する（校正する）	30分
13	作成日、作成者名、レポートの題名を記入し、 完成させる	5分
14	レポートを提出する	5分
		240分＝4時間

タスクの粒度が小さいほど質を向上でき、行動の「見える化」が容易になる。
暗黙知（自身の経験、習慣）を形式知（他人に伝えられる）化しやすくなる。

作業を行っています。**作業する↓次に何をするか考える、あるいはどういう手法を使うかを考える↓決める↓作業する**と、このように作業の合間には必ずと言っていいほど、手順や方法を考えて意思決定する「手間」がかかっているわけです。それは、すでに指摘したように、本人だけが「仕事をしている」と思い込んでいるだけの、結果としてはムダな時間に過ぎません。

しかし、最初から手順を確認して業務を行えば、自分の頭の中で余分な意思決定をすることなく、目の前に書かれた作業工程を最短で突き進むことができるようになります。こうして、**自分がやることを「見える化」すれば業務を単純作業化することができ、仕事のスピードは目に見えてアップする**はずです。さらに、あらかじめ手順がそろった段階で、その作業が本当に必要なのか、あるいは間違っていないかといった検証も可能になるため、無駄な時間を費やさずに必要な作業へすべてを注力できる。それによって、効率のアップと同時にクオリティまで向上するメリットも見逃せません。

「作業を付箋に書いて貼り、はがす」だけでOK

やり方は、手順をメモに書き出すのもいいですが、より直感的に取り組むには**個々の作業を付箋に書いたうえで、厚紙や小型のボードなどに手順にそって貼っておき、ひとつ進むごとに終わった分をはがしていく**、というやり方がおすすめです【図6】。実際、試してみると、その日にやるべき仕事が驚くほどの速さで進んでいくのを、実感できるでしょう。

さらに小さな達成感も味わえるのと同時に、進捗が見えることで無用な焦りも消滅して安心感も生まれます。1日かかっていた仕事は半日で、午前と午後それぞれに別な作業に集中し、成果を出したうえで定時に退社するという〝奇跡〟さえ起こらないとは限りません。

最初のうちこそ、手順の切り分けそのものに迷うこともあるかもしれませんが、手を動かし、書き出していくトライをしていくうちに、本当に必要な作業とその順序はおのずと見えてくるものです。まずは付箋とペン、厚紙を用意して1日の作業の検討から、手を動かしてやってみてください。なれてくれば、すぐに1週間、1カ月単位での「見える化」

図6　作業の見える化――タスクボードの例

タスクボードの仕組み
やるべき仕事をタスクごとに付箋紙に書いてToDo欄に貼る
タスクに着手したらDoing欄に移動
タスクが完了したらDone欄に移動
ToDo
Doing
Done
「やるべきこと」「やっていること」「やり終えたこと」を見える化し、チームで共有する！
タスクボード（ToDoをすべて共有）
ToDo
Doing
Done
Aさん
Bさん
Cさん
Dさん
Eさん
Fさん
ToDoのタスクはすべてチームで共有
タスクが終わったら次のタスクをToDoから選んで作業する
タスクボード（共通作業レーンあり）
ToDo
Doing
Done
Aさん
Bさん
Cさん
Dさん
Eさん
Fさん
共通
作業負荷の高いメンバーが抱えるタスクから、ほかのメンバーでもできるものを共通タスクに移管する
作業に余裕のあるメンバーは、共通タスクをこなすことで負担の平準化が促進される
作業に余裕のあるメンバーは、共通タスクをこなすことで負担の平準化が促進される

図7　「見える化」と共有の工夫

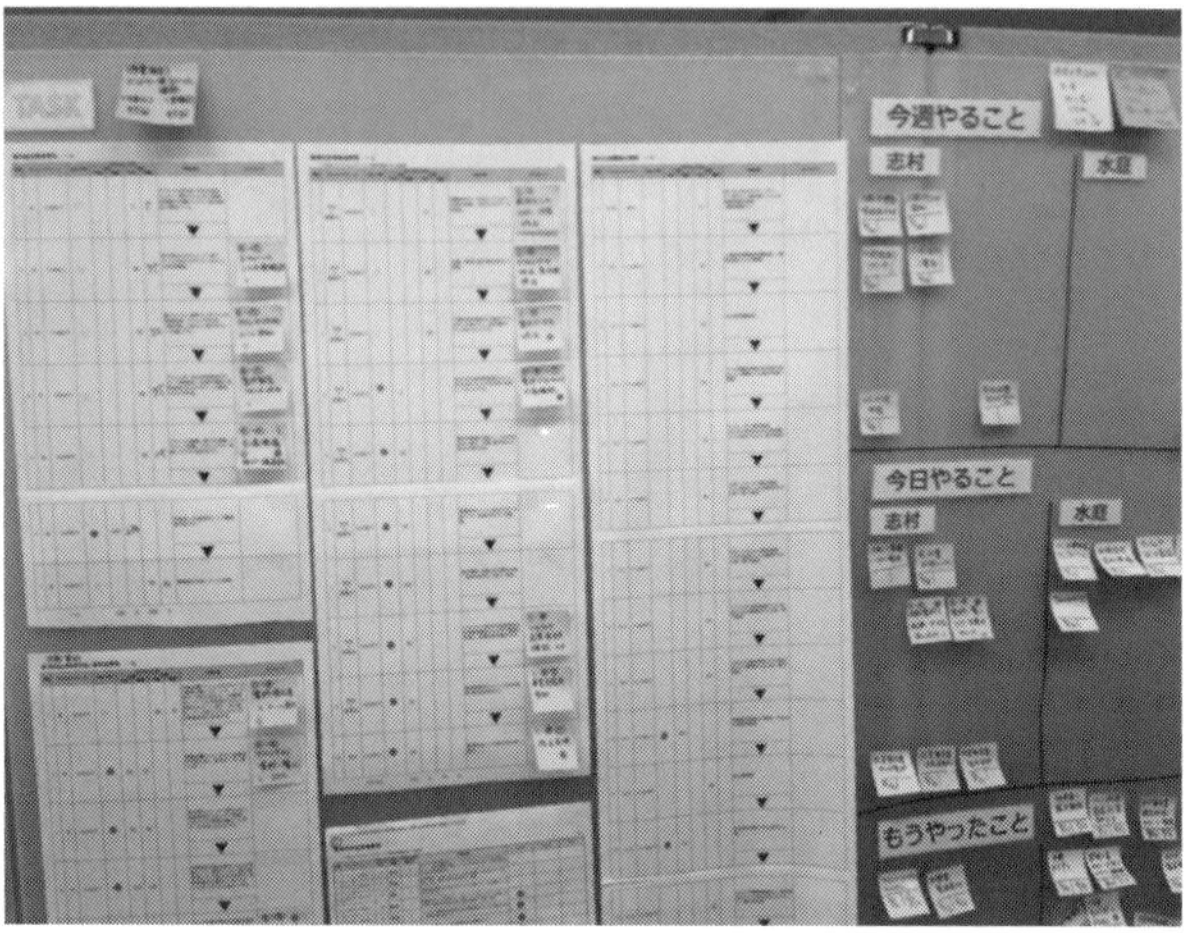

もできるようになります。

しかも、この方法はみなさん**一人ひとりの業務だけではなく、チームや部署全体にもすぐ応用することが可能**です。やり方はもうおわかりですね？　そう、今度は自分の作業だけでなく、チーム全体でやるべき作業の内容をプロセスに分けて付箋に書き込み、それを全員がいつでも見られるよう壁やホワイトボードなどに貼っておく**【図7】**。そうすれば、作業ごとに担当や現在の進捗が「見える化」され、遅れや問題の発生は事前にその兆候が一目瞭然にわかるため、早め早めに手を打つことだってできるでしょう（これについては、後で再び説明します）。

Point

― 見える化 ―

プロセスを「見える化」するときに大事なことは、「今の状態（現状）が正常な状態なのか？　異常な状態なのか？」が誰でもわかることです。正常な状態であれば、そのまま続ければいいですね。もし、異常な状態や異常な状態に入りつつあることが判れば、何らかの手を打つ（方策を考える）アクションが必要になります。

正常か？異常か？がすぐにわかるためには、ご自身で仕事の標準をあらかじめ決めておかなければなりません。最初から理想型を追い求めなくてもいいので、ご自身ができる範囲から標準を決めていきましょう。そして「振り返り」を通して、少しずつ毎日、毎週、この標準のレベルを上げていくことは、カイゼン作業そのものです。

ここで注意をしておくと、標準を決める際は誰か他の人に決めてもらったり、組織や会社から言われた標準を鵜呑みにして用いることはしないでください。あくまでもあなた自身が自分の仕事の標準を決めることが進歩のための標準になります。他の人、組織から与えられた標準は惰性の標準となり、何ら進歩することができません。標準とは、仕事を直接実施する人自身が設定するものなのです。

2 「振り返り」

――仕事のやり方や手順を自分と仲間で再チェック

この章の最初に、「見える化」こそがアジャイル仕事術における基本のキ、一丁目一番地であるとお話しししました。実際、**残りの4つの要素はこの「見える化」された仕事の内容をベースに、そこで得られたメリットを発展・展開させていくようなイメージ**と考えていただければよいでしょう。

そこで、すぐに行える、行うべきなのが**「振り返り」**です。先ほど「見える化」によって業務の手順を確認できると説明しましたが、これがまさに「振り返り」という要素にほかなりません。手順を振り返り、自分の仕事のやり方が目標に適合しているのか、そこに改善できる箇所はないか、自らの方法を見直すことで作業の質と効率を向上させるのが、そのねらいです。

「見える化」と「振り返り」がチームメンバーの水準を高める

事実、「見える化」によって個々の作業が可視化されると、悪いところがないかを考えるようになり、それが見つかればすぐに直したくなるという意識が生まれます。逆にいうなら、**見えないから直しようがない、無駄や欠点がわからない＝気付けない状況**ということです。

これは個人の資質ではなく置かれた環境に原因があり、仕事が遅い、あるいは終わらないのは、その自分の内なる原因に本人が気付けないからです。**本人が気付かない限り、問題点は絶対に改善することはありません。**

このように、当事者が認識することこそ重要なので、手順を「見える化」させて**「振り返り」**を行うことが必要になります。しかしながら、前の章でも書いたように、作業に慣れた人ほど長年の経験から生まれる無用のこだわりや、勘頼みのスキルによって「自分流」を確立し、絶対視するために「見える化」や「振り返り」がおろそかになる傾向があります。それでは、本人にとってはもちろん、当人が属するチームや部署、さらには会社全体にとっても改善のチャンスを失うことになり、けっして良くありません。

そうではなく、時代やテクノロジーの進化にキャッチアップするためにも、**ベテランのみなさんがご自身のノウハウやスキルをより良いものへと更新していく、**という積極的な気持ちをもつことが、自分はもちろん周囲にとってもプラスの変化をもたらすことを知っていただきたいと思います。ベテランの方の手順が見えることは、新人教育の恰好のテキストになります。「見える化」と「振り返り」によって、ベテランが自らのやり方を客観的に見直し、無駄を省き、さらには優れた点を周囲に共有できれば、〝門外不出〟だったスキルやノウハウ、テクニックはチームや組織全体に還元でき、メンバーの水準を高めることにつながるのです。

「ペアプロ」によって客観的な「振り返り」を行う

自分の仕事の手順を書いたり、それを振り返ることがなかなかひとりではできないというなら、前の章であげた新人と一緒になっての**「ペアプロ」**を導入してみるというのもひとつの手になるでしょう。自分自身では、あまりにも当たり前すぎたり、無意識の習慣になっていることも「他者の目」を導入することで、思わぬムダが見つかることはままあること。たとえば文章を書くときでも、自分で書いたものを何度も見直して「完璧だ」と思って提出したのに、必ず誤字・脱字がぽろぽろっと見つかるという経験をしたことはないでしょうか。その点で、やはり**「振り返り」には客観的な視点が重要**になるのです。

新人とコンビを組んでのペアプロなら、自分のやり方を他者の目で振り返ることができ、意識しないまま見逃していた問題を発見することも難しくありません。当人が迷っているようなら、上司から「新人に仕事のやり方を教えて」とベテランの仕事を「見える化」させるのも効果的でしょう。そうすることで、新人に「どうしてこの作業をここでやるんですか？」と聞かれたとき、それが意味のない手順だと気付かされたり、「ここところこの作業は何が違うんですか？」との質問に工程の無駄を発見し、効果的に統合することにつながる――すなわち、**他者とのコラボによって本当の意味での客観性や自分にない視点、アイディアが引き出される**のです。

「KPT」によって「振り返り」の精度を高める

すでにお気付きの方もいらっしゃると思いますが、この「振り返り」はアジャイル開発においてチームで実施する振り返り手法**「KPT」**に通じる考え方です。もちろんこの手法は個人でも実践できます。KPTは**「ケプト」**と読み、**Keep・Problem・Try**の頭文字を取った業務改善のフレームワーク。すなわち、**継続すべき良いところ（Keep）、問題のある悪いところ（Problem）、次に挑戦すべきこと（Try）に注目し、仕事のやり方を振り返って改善が生まれる環境を担保しようというもの**です【図8】。仕事の現場でよく見られる、プロジェクトが終了したタイミングで行う「反省会」のような位置付けとはちょっと異なり、**仕事の内容のみならず、その仕事をしていたときのあなたの気持ち（感情、心のつぶやきなど）も振り返ることが大事**です。

ここでおすすめする、個人のアジャイルワークにおける「振り返り」すなわちKPTでは、仕事（プロジェクト）が終わってから、何かひと段落ついてからではなく、たとえば**毎週とか毎日といった短い期間で「振り返り」を行う**ことになります。しかし、そこが日本独特の文化というか、こういったチームでの意見交換のような機会では互いに悪い点ば

図8　仕事を振り返り、得られた知見を伝承する――KPTボード

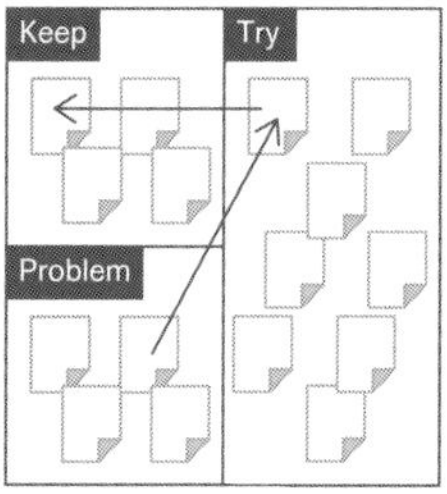

Keep
Try
Problem

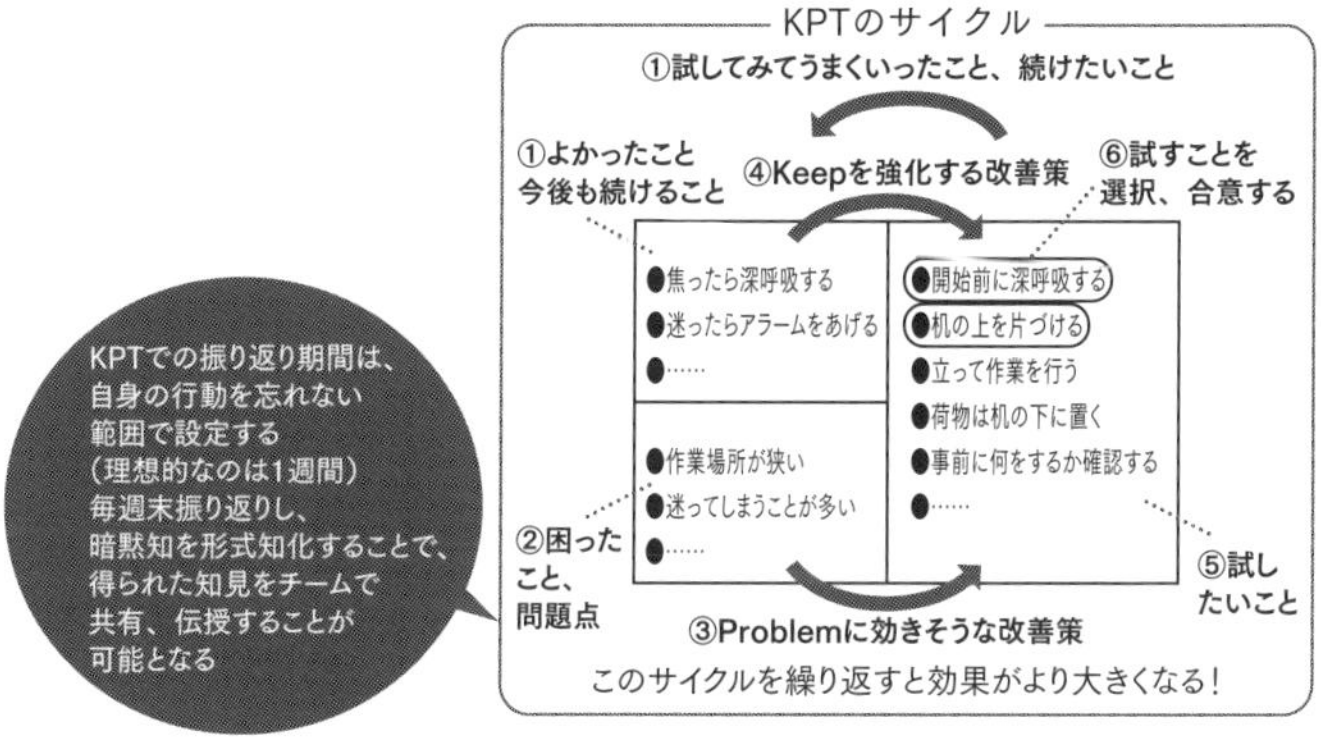

KPTのサイクル
①試してみてうまくいったこと、続けたいこと
①よかったこと
今後も続けること
④Keepを強化する改善策
⑥試すことを
選択、合意する
●焦ったら深呼吸する
●迷ったらアラームをあげる
●……
●開始前に深呼吸する
●机の上を片づける
●立って作業を行う
●荷物は机の下に置く
●事前に何をするか確認する
●……
●作業場所が狭い
●迷ってしまうことが多い
●……
②困った
こと、
問題点
⑤試し
たいこと
③Problemに効きそうな改善策
このサイクルを繰り返すと効果がより大きくなる!
KPTでの振り返り期間は、
自身の行動を忘れない
範囲で設定する
(理想的なのは1週間)
毎週末振り返りし、
暗黙知を形式知化することで、
得られた知見をチームで
共有、伝授することが
可能となる

目安時間(分)	内容
5	①前回のTryとProblemを確認する
5	②KeepとProblem、Tryを付箋紙に書く
10	③KeepとProblem、Tryを共有する
10	④Tryを選択し合意する
30	

かりを指摘し合ったり、当人も「あれがダメだった、これができなかった、こうすれば良かった」というような「懺悔《ざんげ》の場所」になることもしばしばです。もしくは、お互いが気を遣いすぎて当たり障りのない意見に終始する、まるで実のない状態に陥ることもあるかもしれません。

そうならないよう、**「振り返り」ではまずは「良いところ」つまりKeepについての議論から始めると意見の活性化につながる**と思います。また、こうした場では何でもかまわないのでとにかく「口に出すこと」が必要であり、気の利いたことを言おうとか、切れ味鋭い意見で存在感を示したいなどと気負わず、**その仕事中に感じた事や浮かんできた気持ちといった仕事本来の良し悪し以外の事柄についても「振り返り」の対象としてください。**ごくごく小さな違和感などを話し合いの場に出すことが重要です。「振り返り」に参加している人全員から意見が出ないとチームとしての「振り返り」は機能しません。

「KPT」を効果的に実践する工夫

とはいえ、一人ひとりにいざ「話してください」と促しても、率直に意見を出すことはなかなか難しいと思います。そこでKPTで「振り返り」をするときには、**まず会議のはじめに全員で付箋にKeep＝良かった経験、体験を思いつくままに書き出してもらいます。**また**Problem＝問題や課題、気になったこと、心配事なども書き出してもらいます。**

時間制限を設けてそれぞれ1分程度で頭に浮かんできたことを書き出してもらいましょう。こうすると、わずか2分間で全員の意見を出すことができます。付箋に書き終わった後に、それらをボードや壁に貼り出してから全員で振り返りの会議を始めます。

ただ、ここでひとつ気を付けなければならないポイントがあります。それは**「心理的安全性」**です。アジャイルと同じく（むしろ、それを実践する段階で気付いたのでしょう）、GAFAの代表たるGoogle発として広く知られるようになった「心理的安全性」は、組織のなかで自分の意見や感情を誰に対しても発言できる環境を意味します。**何を言っても対立を生んだり、人間関係がこじれたり、それによって罰を受けるようなことがないという土壌があってこそ、社員の不安は解消し、活発に発言・行動ができるようになる**のです。

こうした環境づくりはアジャイルワークにこそ重要であり、「振り返り」で殺伐となるような職場は、そもそも会社の在り方としていかがなものか？　というところから、見つめ直す必要があるかもしれません。

!

Point

―― 振り返り ――

「振り返り」は、単に過去の事象を反省するということではありません。過去に起こったことを対象としますが、その起こった経過を追いつつ、さながら映画のように映像(イメージ）で思い出し、そして自分の頭の後ろに立って自分の行動を見ているようにイメージしてください。

そのうえで、何が良かったこと（Keep）だったのか、そのときの自分の感情、想いはどのような感じだったかを思い出してください。またうまくいかなかったこと、不安を感じたのはどのシーンだったかを思い出してください。そして不安に思ったことや、問題だと感じたこと、自分が描いた状態とかけ離れた状態だったことなどをProblemとして書き出します。良かったことと同様に、不安に感じたとき、問題だと思ったときには、あなたの感情や気持ちはどのような状態だったかも思い出して書き留めてください。

本文を読んで、振り返りが単なる反省会や懺悔大会ではないことを、また振り返りを実施するタイミング、頻度はどの程度かもおわかりだと思います。時間をあけすぎると記憶が消えてしまい、振り返りができません。記憶が薄れると、反省会や懺悔大会になりがちですので、気を付けてください。理想としては、最低でも毎週できれば毎日、短時間（15～30分以内）で「振り返り」をしましょう。

3 「ダンドリ」——高品質を担保する強力メソッド

「見える化」で仕事の手順を可視化し、一つひとつの作業に分解。そのうえで「振り返り」によって無駄な作業が省かれたり、複数の手順を集約したりと、プロセスの精査ができるようになると、次のステップでは分解され整えられたパーツをもう一度、組み立て直す作業が有効になります。これが**「ダンドリ」**です。

この要素は言葉そのまま「段取り」の意味で、**仕事の順序ややり方を考え、効率よく行えるように手順を確定させる**ことを意味します。

要するに、仕事をやるまえに全部準備を完了させ、あとはその通りに淡々と実行するわけで、まさに段取り。この完成された手順を共有することができれば、たとえば製造業ならクオリティの高い製品を誰もがつくれることになります。しかも、**すべての手順が確立していれば、そこに無駄な意思決定の余地はなく、迷いの入りこむスキがないので、作業効率は格段にアップする**のです。

新人でも仕事を倍速で終えられる「ダンドリ」の真髄

といっても、にわかには信じられない話かもしれません。無理もありません。実際にその効果を目の当たりにした人ですら、信じられなかったのですから。

かつて私が手がけたコンサルティングに、ある地域を対象にアジャイルを実装したエンジニアを育成するというプロジェクトがありました。各企業から選抜した人材を集結させ、私たちが短期間で集中的にアジャイルの仕事術を仕込もうという内容です。ただ企業側としては、そうしたよくわからないプロジェクトに重要な人材リソースを割くわけにはいかないということでしょう。集まったのはほとんどが新卒の社員ばかりで、とにもかくにも彼ら新人たちに半年間の研修を受けてもらい、アジャイルワークの基本を習得させました。

半年が経ち、彼ら新人たちは研修が終わると、それぞれの企業に帰って本来の仕事に従事することになりました。すると、プロジェクトが終わった数週間後に参加企業の上役から私に直接電話がかかってきて、「戸田さん、あなたウチの新人に手の抜き方でも教えたんですか？」とクレームが入ったのです。こちらとしてはまったく身に覚えのないことで、よくよく話を聞いてみると、このプロジェクトに参加した新卒社員は、ほかの同期入社した新人たちより数段速く仕事をこなすといいます。上司としては、その仕事があまりにも速いので、効率アップといいながら、どこかズルや手抜きをして適当に仕事を終わらせるやり方でも仕込んだのでは？　と疑ったのでしょう。

それを聞いて、私は「ははぁ」と心中ひそかに膝を打ちました。もちろん、私たちはアジャイルワークのやり方を教えただけです。その効果が如実に現れただけの話ですが、会社側はわずか半年のプロジェクトに参加した新卒社員と、同期との間にこれほど差が生じるとは思ってもみなかった。それほどまでに大きな違いが出たわけです。

具体的に状況を聞いてみると、同じく1週間分の仕事量を与えられたなかで、ほかのメンバーが想定通り金曜日になって「できた」ともってくるところ、アジャイルワークを仕込まれたその新卒社員だけは水曜日には早くも「終わりました」と言ってくるとのことで、上司としてはなぜそうなるのか理解できない様子でした。

実際に彼のもとへ行き、デスクを見ると、私たちが教えた通り厚紙に貼った付箋を前に、ひたすら作業に集中しています。それも当然で、入社わずか2カ月でプロジェクトに参加した彼は、自社でのデフォルトの仕事のやり方を知らず、まさにアジャイルワークしかできません。それでも、**自分のやるべき仕事が「ダンドリ」として「見える化」され、整理された手順を淡々と実行に移すことで、驚くべき効率化を達成した**というわけです。

ほかの同期たちも同じ仕事をしています。入社歴も同じなので、技術や知識にほとんど差はないでしょう。やり方、手順にもそれほどの違いは生じないはずです。しかし、それでも作業効率に2日の差がはっきりとつくのです。たびたび書いてきたように、その時々で「どうしよう」「次は何をやろう」「あれやったかな」「これやらなきゃ」といろいろ考えながら作業することで、知らぬ間に時間が積み重なっていく事実。それがいかにムダを生んでいるかがおわかりいただけたのではないでしょうか。同時に、最初からすべてを決めておいて行動する「ダンドリ」の重要性を認識していただけたはずです。

「ダンドリ」によって最大の無駄である「やり直し」をなくす

もちろん、「考える」こと自体は大切で価値のあることで、その力を抜きに人間の営みは成立しません。ただ、**アジャイルという観点からは、個々の作業についてではなく、作業をいかに速めるか、効率よく進めるかの大きな枠組みこそを対象に考えることが大切**です（事実、第1章で述べたトヨタのRespect for Humanは、これを何より重視します）。

前にも触れたように、私が専門としてきたＩＴ業界、あるいは事務系・デスクワーク系のホワイトカラーの仕事において、**最大の無駄は「やり直し」**です。経験上、考えながら作業すると「やり直し」が発生する確率も高くなります。一生懸命に頭で考えて試行錯誤を繰り返す。そこでは、頭の中で何度も何度も無駄な「やり直し」が発生しているのです。

そんな「やり直し」を阻止するためにも、大切にするべきは「ダンドリ」であり、**あらかじめ何を、どの順番でするかを決めておいて、あとは作業を進めていくだけ。**そうすれば、生産性が劇的に変わります。あの新卒社員が、実際に証明してくれたように――。

試行錯誤にはまた、別の厄介な面があります。それは頭の中で起こっていることは、他人にわからないということです。であれば、「ダンドリ」自体についても必ず外に対して「見える化」を図るのが大切なのは当然のこと。そうすることで、作業者自身はもちろん、チームや他のメンバーに対しても無駄な「やり直し」をなくすことができるようになります。そのように、作業そのものはもちろん、そのための「ダンドリ」にも、「見える化」はいつも重要であり、**常に更新することがさらなる〝アジャイル的進化〟へとつながる**ことを意識してください。

「タスクボード」で仕事を管理する

「ダンドリ」の「見える化」と共有のため、重宝するツールが**「タスクボード」**です。前の説明で、手順の分解によって整理した作業を付箋に書いて厚紙に貼るという手法をお話ししましたが、これはその応用と言えるでしょう。やり方は簡単、プロジェクトチームで**共有するホワイトボードに、「To Do（これからやること）」「Doing（やっていること）」「Done（終わったこと）」の3つの区画をつくり、それぞれに当てはまる作業の付箋を所定の場所に移動させていく仕事管理の方法**です。タスクボードを見れば、誰が何をやっていて、何が未着手で、何が完了しているのかひと目でわかり、個々の進捗状況やチームの作業量、その過不足が、誰にでも、しかもリアルタイムで認識できます。

　この、チームにおける「ダンドリ」で「やり直し」を生み出さないための重要な概念に**「自工程完結」**があります。

　現代において、仕事というのはそれが芸術家や伝統工芸品の職人でもない限り、ひとりの人間が最初から最後まで受け持って「完了」させるということはあり得ません。ひとりひとりは必ずある部門のある仕事を担当し、流れのなかで前任者から仕事を受け取り、自分の仕事として処理をし、次に回すといった一連のフローで業務を運営していることがほとんどです。したがって、**自分の責任においてその「タスク」を遂行し、次の人に不良品や不完全なアウトプットを渡さないことが大切**であり、こうした品質および生産性向上の取り組みをトヨタでは「自工程完結」と呼んでいます。

「自工程完結」とは簡単に言うと、**自分のした仕事が良かったか悪かったかがすぐにわかる状態のこと**です。人間は本来、誰しも「いいね！」と言われる仕事をしたいと思っていますが、残念ながら自分の思いとは裏腹に後工程（その最後のアウトプット先こそ、他ならぬお客様です）から見て価値ある仕事、高い品質を提供できていない場合が往々にしてあります。そうではなく、常に自分の仕事の良し悪しを自らで判断できれば、それをすぐに直すことができる。いい品質を生み出す手段を明確にすることで、より一層、仕事の質を向上させることも可能です。

その点で、「ダンドリ」の「見える化」は個人にとっても、チームにとっても、「自工程完結」の意識をもたせる効果的な仕組みだといえます。**「見える化」→「振り返り」→「ダンドリ」→「見える化」→「振り返り」→……のサイクルは、途絶えることなく効率化と品質の向上を、ふたつながらに実現し続けられる**でしょう。

一定時間で仕事を完了させるための「イテレーション」という概念

アジャイルワークにおいては、こうした一連のサイクルを**「イテレーション（反復）」**と呼ぶ一定の時間枠のなかで実行します。前にも述べたように、**使えるだけ時間を使って仕事をするのではなく、一定時間の枠のなかで一連の仕事を完了させる**――この意識が重要です。短期間で設計→開発→テスト→改善をひとつの工程とし、それを短いスパンで繰り返し実行することで、問題の早期発見やカイゼン、そして急な変更や追加に対応できるようになるという考え方です。

言葉を換えれば、「見える化」を起点とする改善のサイクルをより速く、より質の良いものへと開展させていく――**「イテレーション」の徹底活用が、アジャイルの成果を左右する**と言っても過言ではありません。

効率化とは、ただ速く作業をこなせばそれで万事オーケーという、結果オーライの発想とはまったく違います。そうした拙速な流れを経てできた粗悪なプロダクトなりサービスなりを提供し続ければ、どうなるかはあえて考えるまでもないでしょう。**品質が担保されてこそ、スピードにも価値が生まれる**のです。そこに充分留意して「ダンドリ」を実行するようにしてください。

!

Point

― ダンドリ ―

「ダンドリ」とは、仕事をうまく実行するための作業手順にほかなりません。ちょっと考えを広げると、仕事の作業手順を書き出すときに書き出した一つひとつの作業の大きさ（作業時間）を見積もります。この見積りの仕方は簡単で、アジャイル開発では「実測駆動」といい、最近行った仕事（作業）で最も似通った作業が何分で完了できたか？という実績値を見積値として使用します。

仕事を続けていれば、簡単に見積値が出せます。問題は、初めて臨む作業が出てきたときです。この時は、期待値でもかまいませんので、適当に決めれば十分です。なぜかといえば、その時点では初めてでも、一度作業を実行すれば、実績値が求められて見積精度は向上します。最初の１回だけがいい加減でも、仕事全体には大きな影響を与えませんので、安心して適当な値で決めてください。経験したこともない作業で、見積精度を上げるためにああだこうだと考える時間はムダそのものです。

あとは、細かく区切った一つひとつの作業の大きさを、できるだけ均一化（たとえば60分以内の大きさに）することを意識してください。作業の大きさを均一化できればできるほど、作業効率は高まります。これをワーキングリズムといいますが、人間は何かを実行するときに、リズムに乗ると作業がはかどります。それと同様に、リズミカルに仕事をするために、均一化を目指すわけです。

4 「タイムボックス」
——時間の使い方の根本を変える仕事術

繰り返しになりますが、アジャイルワークとはその名が示すように**「きびきび無駄なく」**、つまり密度を高めて限られた時間のなかで最大の効果を発揮しようとするアプローチです。であれば、やはり「時間」そのものに対してもしっかりとした意識をもたなければなりません。その点から見ると、日本のビジネスパーソンはそもそも時間を軽視している傾向があり、その使い方にはおおいに反省すべき点があるのではないでしょうか。

たとえば、上司からレポートの作成を頼まれたとしましょう。当然、この仕事のゴールは単に「レポートを仕上げる」ことのはずです。にもかかわらず、日本のビジネス現場では、そこに上司の望むであろう内容への忖度であったり、自分のつくりたいものを仕上げるというイメージであったり、さまざまな要素が加わって、それをすべて完成させるまでが仕事であると定義されてしまう。当人にはこれらすべてを満たすべく、その仕事を完全に終わらせるまでが目標であり、最終形となるため、それまでに何時間費やそうが関係ありません。

そうしたやり方で「ちゃんと仕事をしている」というのですから、これは時間がかかって当たり前でしょう。

仕事の「時間枠」をつくって効率化する

この**「ゴール＝仕事が終わるまで」という考え方こそが、定時で終わらなかったら残業する、それでも終わらないなら休日出勤という発想を生む最大の悪しき土壌**です。仕事が終わらないというよりも、終わるまで時間を好き放題使うという働き方になっているわけで、これでは効率など絶対に上がりません。

では、どう時間を使うのか？

答えは実にシンプルで、**仕事の「時間枠」をつくる**ことです。**自分で時間の区切りを用**

意して、そのなかで仕事を進め、終わらせる。1時間とか1日とか、自分にとって区切りをつけやすい時間枠のなかで仕事する。時間がきたら、仕事をスパッと終わりにする。途中でもおしまいにする。これが、アジャイルワークにおける**「タイムボックス」**、すなわち時間をひとつの「箱」と見なす考え方です。

スマホのタイマーアプリやキッチンタイマーなど身近なモノを活用すれば、時間を知らせてもらうことができますので、ぜひ活用してあらかじめ決めた箱＝時間内で仕事をするやり方を身につけてください。そうして実際にこのやり方にトライしてみると、途中で仕事が途切れた場合に「ああすれば、もう少し進められたかもしれない」と反省が生まれることもあるでしょう。これもまた、この章で何度も触れた「振り返り」です。

一定時間内で仕事をする。時間が終わって「振り返る」。そして、次の「タイムボックス」での「ダンドリ」を整える。その経過は、やはり厚紙に貼った付箋をはがしたり、次の行程へ移動するなど「見える化」を忘れずに行うと確実に把握できるでしょう。このように時間を区切ることで、効率化へのサイクルが発生していくわけです。

効率化という点で、「タイムボックス」はまた別の効果も発揮します。みなさんにも覚えがないでしょうか？　レポートの提出など仕事の締め切りが近づいてくると、残された時間で「何とかしなければ！」と集中して目の前の作業に取り組むといった経験です。人間は「まだ時間がある」と思うとなかなか集中力が発揮されませんが、逆に限られた時間では本人も驚くほどの集中力を見せることがしばしばあります。**「タイムボックス」によって作業時間を区切ることは、こうした状態を意図的につくりだすねらいもあり、作業の効率アップに役立ちますし、集中力が高まればミスも少なくなり質も高まります。**

60分単位で「タイムボックス」を繰り返す

タイムボックスを使って働く方法には思いがけぬメリットもあり、上司やクライアントが作業の途中で心変わりするなど、**プロジェクトの方向性が変化しても、その都度の柔軟な対応が可能**です。あるいは、プロジェクトが何かのトラブルで頓挫したりステイになった場合も、ボックスに区切っての作業であれば、その瞬間の最小限の被害で食い止められます。

では、タイムボックスの箱の大きさ、時間枠の幅はどのくらいが最適なのでしょうか？

私の場合、みなさんに「60分」という単位をおすすめしています。その根拠は、人間の体内時計、生理的な時間感覚に基づくもので、そこで集中力を保てる時間はだいたい60分が限度と言われているからです。

具体的には、**60分をひとつの区切りにし、60分仕事をして10分休憩し、また次の60分で仕事をこなす。**このサイクルで1日を回していけば、集中が途切れることなく、また身体や頭にとって心地よいリズムに乗って、ベストのかたちで仕事に取り組めるはずです。

このタイムボックスの方法論ももちろん、チームや部署での仕事に拡大することができます。具体的には、**先にあげたホワイトボードに付箋を貼るやり方で、枠となる各プロセス自体をタイムボックス化してみる**のです。この場合、単位は1時間ではなく、1日、1週間などに設定すると、プロジェクトに関わる全員の集中力も効果的に引き出せるでしょう。

時間は追われるものでなく、自分で支配・管理していくことが大切。アジャイルワークでは、これまでの時間に対する意識を180度逆転する発想をもつようにしてください。

!
Point

― タイムボックス ―

タイムボックスの考え方は、何かを行うときにあらかじめ自分のペースでできる時間の箱を決めておき、すべての行動（仕事）をそれぞれの時間の箱の中で確実に完了させるところまで、仕事のやり方を変えていくことです。学校の授業の時間割表のように、1日の仕事時間のなかで時間割（タイムボックス）があらかじめ設定されていることになりますので、アジャイルな働き方では残業や休日出勤、家に持ち帰りという概念は存在しません。常に、定時間内ですべての仕事を完了させるように考えてください。

会議の時間も同様に考えるべきです。1時間の会議とあらかじめ設定したならば、1時間ですっぱりと会議を打ち切ってください。たとえ偉い方が講話中でも、打ち切ることです。そして会議の参加者全員で、その場で10分程度、すぐに会議の振り返りを実行してください。なぜ1時間で会議が終わらなかったのか？　次回1時間で会議を完了させるためには、何をすればよいのか？　偉い方も当然入っていただいて、振り返りをすることが、タイムボックスの考え方を組織内に広げる最短の方法です。

5 「チーム」

――職場の連携が2倍3倍となり、生産性と効率が高まる

ここまで、本章ではアジャイルワークの実践に関し、主に個人にフォーカスした内容をお話ししてきました。が、前述したように、**今日において最初から最後までひとりだけでできる仕事は、まずありません。**とりわけ会社という組織では、部署、班、チーム、ペアなど単位はさまざまですが、複数の人が関わる連携により業務をこなしていくものです。

加えて今はＶＵＣＡの時代、変化や不測の事態がいつ起こるかわからないなかで、すべてに個人の力だけで対応していくことは不可能ではないでしょうか。そうした、どんな状況にも素早く対応し、時代に取り残されないよう食らいついていく仕事のためには、何よりもチーム力が欠かせません。チームの連携プレーによって、1の力を10にも20にも発揮

しなければならないのです。

それは、たとえば２０２２年のサッカーワールドカップで大活躍をした、日本代表チームに通じるといえば言いでしょうか。**「見える化」「振り返り」「ダンドリ」といった一連のサイクルにより、個人の戦術と能力・技術を高めつつ、チームとして一致団結したまとまりを見せる。そのうえで、要所要所では臨機応変に自己判断をして困難を突破していく。**

これはまさに、アジャイルによるチームが目指すところなのです。

自律したチームなら2倍3倍の効果を発揮できる

ちなみに、ラグビーにはほかの球技と大きく異なる特徴がありますが、ご存じでしょうか？　それは、フィールドにベンチがないことです。つまり、試合中に監督がいないのです。

実際にラグビーの試合のテレビ中継を観ているると、監督が観客席で腕組みしているシーンが映ることがあります。監督が直接プレーヤーへ指示を出せず、タイムアウトもないとなると、選手は全員が自分の役割を理解し、この試合で何をすべきか、そのために今やるべきことは何かを常に考えてプレーしない限り、チームとして十全に機能は果たせません。その意味で、**強いラグビーチームとはアジャイルが目指す、自律したチーム**です。

では、なぜ優れたチームは2倍3倍の効果を発揮できるのでしょう？　みなさんは２０１６年に行われたリオ五輪における、陸上４００メートルリレーを覚えているでしょうか。あのとき、日本の選手それぞれは10秒台が最高の記録でした。決勝で標準となる９秒台が誰ひとりいない状況だったのです。当然、シンプルに計算すれば１００メートル＝10秒×４人で40秒台の記録しか出ないはずのところ、現実には37秒60というすごい記録で銀メダルを獲得しました。要は、**チームとしてバトンタッチの技術を高めることにより、単純な走力では勝てないはずの日本が並み居る強国に勝てた**のです。これこそが、チームの連携によって生み出された力と言えるでしょう。

実は、このチームの連携と効率化について、前にもあげたＴＰＳ、ＴＭＳの生みの親であるトヨタ自動車の大野耐一さんが、まさに**「バトンタッチ」**の例を用いて言及しています。工程全体における各人のバトン（そこには当然、先にあげた「自工程完結」が徹底しているのは言うまでもありません）が、当事者から次の人にわたる受け渡しゾーンをどう使うか——**どうすればより高い効率と品質を実現できるか、各人が徹底して考え、互いに**

共有することにより、全体の生産性や効率が大きく変わってくると喝破したのです。

このように、目標達成のためにメンバーの気持ちや考え、行動をひとつにすることで何倍ものパワーを生み出す相乗効果もチームのメリットですが、一方で相互作用による関係性にも優れた点を見出すことができます。つまり、客観性の担保による改善の促進です。

「チーム」と「心理的安全性」の切っても切れない関係

自分のことは見えにくく、他人のことは見えやすい。これはある種の真理ですが、そうやって**仕事や業務、作業の瑕疵《かし》に気付くことが、生産性や効率の向上を助けることにつながります。**あるいは、仲間の「やっているつもり」になっている曖昧な部分を指摘できるのも、チームの力のひとつと言えるかもしれません。それは、**お互いが良い緊張感のなかで集中力を高め、高い品質と技術の作業を行える職場環境をつくることに寄与する**でしょう。

ここで忘れてはいけないのが、やはり前にも触れた**「心理的安全性」**です。誰もが本音で会話できる環境ベースがないと、チームの連携どころか、せっかくのアジャイルワークもただの絵に描いた餅に成り下がってしまいます。そのためにも、ダメなものはダメ、悪いものは悪いと指摘できる環境は不可欠の条件。「心理的安全性」は最近、現代のコンプライアンスに対する過剰反応に迎合した「言いにくいことを言わない」というような捉え方をされる場合もありますが、それは大間違いで、むしろ**言いたいことをきちんと言える環境づくりこそが目的**です。

アジャイル開発の現場では、チームで「振り返り」を行うときには本音で会話します。そのために管理者や他の関係者をシャットアウトして、チームのメンバーだけで行います。チームで現場の作業について話し合う「振り返り」の会議（活発な議論のためにも上司は出席しません）では、それぞれが何を言っても大丈夫。たとえ上司への感情的な批判であっても、それを誰が言ったかを後で追及されることはなく、必要な点はファシリテーターを務める担当が確実に上司へと伝え、必要な制度や仕組みの改善を求めます。これはまた前出の「自工程完結」にも直結する要因、品質を担保するための外的条件とも言えるでしょう。**チームで問題を解決できる職場づくりこそが、「心理的安全性」における究極の目標になる**のではないでしょうか。

今こそ見直されつつある日本のお家芸「スクラム」

ちなみに、この〝究極の職場〟を突き詰めると、今ではすっかり敬遠されている「昭和的家族主義」の職場になります。**仲間同士の絆、お互いに腹を割って話し合うコミュニケーション、必要なときはプライベートな面にも気を遣う親密な関係、家族のように接し、家族のように付き合う、まさに昭和の会社が理想である**と言えるかもしれません。

事実、チームによるアジャイルの実践として、しばしば用いられる**「スクラム」**という方法についてひもとくと、その手法が目指しているのは、まさに1970年代の日本企業、とりわけ製造業の組織風土への回帰です。**メンバー全員がオーナーシップ（当事者意識）をもち、目標、目的を共有し、チームの全体責任でコミュニケーションを取りながら進めていく**という「スクラム」の手法は、いわば日本の〝お家芸〟であったにもかかわらず、今やトヨタにおいてのみ輝かしい成果をあげている。それとは逆に、その時代の日本人の人間関係をGAFAに代表されるアメリカ西海岸の企業群が進んで取り入れているのです。

旧来の日本的価値観が再評価され、**「フォア・ザ・チーム」**や**「ワン・フォー・オール、**

オール・フォー・ワン」のラグビー的チームプレーが個人の限界を突破し、生産性を最大限に高める――スポーツもビジネスも、チームとその連携が最も基本であり、最も重要になることを忘れてはならないでしょう。

次の章では、本章でお話ししたアジャイル実践のノウハウやヒントを、さらに具体的な例に基づいて、深掘りしていきたいと思います。

!

Point

── チーム ──

アジャイルな働き方で求めるチーム像は、ラグビーのようなチームです。近年のビジネス現場では、往々にしてアメリカンフットボールのチームのような、チーム内で役割や責任範囲などを分担するチーム編成を見かけますが、そうした考え方はアジャイルなチームにはなりません。

チームメンバー（構成員）はすべて平等で、役割なども一応は決めますが、その役割にこだわらず、チームの目標達成のためには誰でも何でも実行するメンバーでなければなりません。チームリーダーについても同様です。「リーダー役は誰々さん」と固定しがちですが、チームの全員（たとえ新人でも）がリーダー役を適宜できるようにしてください。理想はチーム全員での日替わり、時間替わりリーダーです。ですので、チーム内で全員が互いにリスペクトできなければなりません。またそのためにも、チーム内での心理的安全性を確保することが全員に求められます。

心理的安全性とは、チームの全員が行う行動です。誰かがやれば良いというものではないことを、十分意識してください。

第３章

アジャイルワーク実践編

── ビジネス現場への具体的な活用例に学ぶ

AGILE WORK

「運用ビジョンがイメージできる」

──アジャイルワーク応用編

ここまで、アジャイルワークのおおもとになる考え方や、ノウハウの基礎について、おもに一般的な視点からご説明してきました。この章ではそれを受け、アジャイルワークの方法が実際のビジネスの場面でどのように活用されているのかについて、さまざまな事例にそってさらに詳しく取り上げていきます。いわば**「アジャイルワークのケーススタディ」**となる内容であり、私自身が過去15年にわたり支援してきた企業や組織のアジャイルワークを通して知り得た実践のポイントと、それがもたらす効果についてご説明することで、そのメリットを一層深くご理解いただけるでしょう。

どんなに優れたメソッドであっても、その具体的な活用方法がわからなくては宝の持ち腐れ――情報としては頭にインプットされていても、実際にどこで、どうやって、どのタイミングで使っていけばいいのかわからないのでは意味がなく、**「やっているつもり」「わかっているつもり」の中途半端な態度では、かえって悪い結果を招くこともある**ものです。

努力の方向や能力の使い方を誤らないために

日本のビジネスパーソンは、どのカテゴリーでも仕事に対して **〝一生懸命〟** を目指します。しかし、その気質そのものが長時間労働やオーバーワークを生んでいる点を忘れるわけにはいきません。一生懸命やることは決して悪いことではなく、本来は美徳なのですが、努力の方向や能力の使い方が間違っているのではもったいない話。この章の事例をヒントに、ぜひとも効率的で質の高い仕事のやり方を手にしていただきたいと思います。

そのため、本章ではみなさんに各事例をよりリアルに実感していただけるよう、節の立て方も意識しました。具体的には、これまでのコンサルティングを通じ、現場のビジネスパーソン、あるいは管理にあたるリーダーの方々からいただいた典型的な「仕事の悩み・相談」をケースとして提示し、それに対するアジャイルワークの有効な使い方、効果的な対処法について解説していくスタイルで進めていきます。

取り上げたクエスチョンは、最前線の現場で働くビジネスパーソンはもちろん、チームや部署などの組織をまとめる上役・管理職の方にも活用いただけるよう、読みどころの多い内容を選んだと自負しています。

それでは、始めましょう。

1 現場編

「なぜか、仕事がいつも締め切りまでに終わらない！」

これについては、ここまでにも何度か触れてきましたが、ビジネスにおいては最もよくある悩みではないでしょうか。特に**日本企業のオフィスワーク、ホワイトカラーのみなさんの場合、仕事を大量に抱え込み、どれも同時進行的にこなしながら結局すべてが片付かず、締め切りを迎えてしまう**というケースが多いと思います。

この事例の難しいところ、それは問題点、逆に言えば解決の途がただひとつとは限らないという点です。

たとえば、単純に上司から指示された業務を終わらせることができなかったシチュエーションでは、「ダンドリ」の徹底が効果的でしょう。第2章の「ダンドリ」の項目でご紹介した「同期より早く仕事を片付ける新卒社員」のやり方を踏襲すれば良いわけです。

具体的には作業を細かく分解することで「見える化」し、その内容を1時間ごとのタイムボックスに落とし込んだうえで、付箋に書き込みます。そのうえで、厚紙やボードなど（まずは、机やパソコンモニタの枠でもかまいません）に貼りつけ、順番どおりにひとつずつ項目を完了させていくだけ。**可能な限り頭の中の思考（意思決定）を排除し、手を動かしてのワーク（作業）に集中できるようにするのがポイント**です。

整理整頓を徹底し、雑務を排除する

私たちが仕事を行う場合、本当にやらなければならないこと、いわゆる実務だけを専一にやっているなら、無駄な時間は発生せず、ゴールへ向けて着々と進んでいけます。ただ、**実際には、それにつきまとう余分な雑務を行いながら仕事を進めていることが多いと気付かなければなりません。**それは、ちょうど勉強しようと机に向かっているのにちょっとした汚れが気になって机の上を片付けてしまうような行動と似ています。しかも、ご本人は脱線した理由を「そのほうが勉強に集中できるから」と本末転倒の言い訳にしてしまったり……それなら、ふだんから整理整頓を徹底し、掃除に充てる時間を勉強に使ったほうがどれほどいいか考えるまでもないでしょう。

第1章の「時間の種類」のカレーのたとえでいえば、鍋に入れる材料やスパイスを整えておく「付帯時間」（これこそが重要な作業です）ではなく、いざとなって足りない材料を買いに行ったり、キッチンを片づけたりという、本当にムダな時間が作業において多くの部分を占めている。そんなふうに**「ダンドリ」が徹底していないと、実務以外のことがどんどん積み重なっていき、締め切りには絶対に間に合わなくなります。**

先の例の新卒社員は「見える化」された手順という道筋からはみ出すことなく、黙々とただひたすらに業務に集中したことで、能力的には変わらない同期の仲間より2日も早く仕事を仕上げることができました。逆に言うと、仕事が締め切りまでに終わらないのは業務そのものにフォーカスできていないことが、最もありがちな原因なのです。

ただ、その理由を物理的なことだけに限定してしまうと、改善はうまくいかないでしょう。というのも、思考による作業の停滞もまた、みなさんが考えているよりもはるかに多くの時間を食いつぶしているからです。ビジネスにおける意思決定というのはけっして大それたことではなく、これまでも触れてきたように**「次はどうしようかな。そうだ、あれ**

をやらなきゃ」というように実に日常的なもの。しかしながら、そうした単純な選択も日に何度も繰り返されれば相当な時間を浪費します。そうして、ようやく「あれをやらなきゃ」と決めた作業も、そこから必要な道具や資料を用意し、該当のアプリケーションデータを探し、どこまで作業したかを確認して、これから進める仕事を思い出すというように、意思決定ごとに工程がいくつも増えていくものです。

「時間」の意識を変えれば効率化が叶う

こういった働き方には「終わらなければ残業すればいい」という習慣的な考えが土台にあり、その上に自分の都合に合わせてダラダラと仕事をしてしまう悪癖が重なっていることが少なくありません。そこで有効なのが、やはり第1章で紹介した**「5分表」**という試みです。ふだんは1日を通して「あれをやった」「これをやった」とおおまかに振り返れても、より細かく何にどのくらいの時間を使ったかはほとんど意識しないところ、**実際に細かく自分の行動ログを取ってみると、本当の自分の仕事の実態が「見える化」されます。**そうした点に気付くことで初めて、**具体的な問題点、無駄な時間や無意味な行動が浮き彫**

りになって、仕事のやり方を改善できるようになるのです。

アジャイルワークでは「時間」の概念を理解することが非常に重要で、実践において効果を発揮するためには何よりもまず、時間に対する意識を変える必要があります。**たかが5分、されど5分。その積み重ねの先にしか効率化は存在しません。**

一方、この「終わらない」問題を考える場合、純粋に業務にフォーカスできない原因が本人以外の責任による場合も多々あります。

典型的なのが、日常のオフィスでしばしば発生する作業途中にほかの仕事を振られる、あるいは「手伝って」と指示・依頼を受けるというケースでしょう。とりわけ、社歴の浅い人の場合は、自分が本来やるべき業務以外に、突然の雑用を押し付けられるといったことも多いと思います。もちろんチームとして不可欠、最優先の作業であれば、柔軟な対応をするべきですが、**上司や先輩の恣意《しい》で本来の作業が止まる事態は避けるに越したことはありません。**こうした外部との関わりを調整するためにも、「見える化」はとても有効な解決の途となるのです。

たとえば、自分の作業の「ダンドリ」と「タイムボックス」で「見える化」し、ボードに貼って手元に置いておく。そうしておいて、もしも作業の途中にほかの仕事を振られるような場合、そのボードを相手に見せて**「今日の予定はこんなふうになっています。お手伝いをすると締め切りに間に合わなくなるかもしれません」**と説明すれば、理不尽に作業を押し付けられるリスクはぐっと減らせるのではないでしょうか。そんなふうに**「見える化」は、現場の社員にとって自分の作業時間を確保する、有効なツールにもなり得る**のです。

定期的な「振り返り」で作業を適正化する

ここで重要なのは「見える化」に伴って必要な「振り返り」を、日々きちんとやっておくという点。たとえば1時間単位の「タイムボックス」で、自分がどの作業をどれくらいの時間で進められるかを、定期的に振り返り、確認しておくことで、**時間ごと、作業ごとの効率（「見積書の作成なら1時間で3件分」「プレゼン資料は1件で3時間」など）が標準化して把握できるようになります。**それにより「見える化」の精度はどんどん高くなり、アップまでの時間の予測も立てやすくなって、先ほどのような突然のヘルプ依頼にもあわてることなく、「ここでの30分は十分取り返せる」などと臨機応変な変更もできるはずです。

そしてこの方法は、**個人を越えてチーム全体の適正な作業配分や効率化にも、大きく役立ちます。**

具体的には、第2章でも触れたように個人の「見える化」をチーム全体に拡大した「タスクボード」をメンバー全員がいつでも見られる場所に掲げておく。そうしておけば、チームの「ダンドリ」として機能するとともに、メンバー各人の作業の進捗状況をリアルタイムに把握できるので、締め切りに間に合うか間に合わないかの確認もできます。**「見える化」による「衆人環視」がもたらすいい意味での緊張感、プレッシャーのなかで、仕事が遅れないように気を引き締めて集中するメンタル面のメリットもある**でしょう。

何より大きいのは、突発的な作業やヘルプの依頼が発生した場合、「今の作業状況ですと○○さん、余裕がありますよね？」と実際の具合に合わせた判断と配分ができたり、全員が手一杯なら「この件を入れると、現状の作業が○時間ほど遅れることになりますが、よろしいでしょうか？」などの交渉を通じ、**個人もチームも過重な負荷がかかるのを防げる**という点です。それは、現状の業務の仕上がりを速めるのはもちろん、適正な負荷のもとで品質を維持し、ひいては一人ひとりのワークライフバランスの自然な向上にもつながっていくでしょう。

第1章で**「アジャイルは労働強化にあらず、みなさん一人ひとりがハッピーになる」**と書いたのは、こうしたメリットがあるからこそ。個人で、チームで、ぜひとも「見える化」に始まる改善を工夫していただきたいと思います。

2 管理職編「チームがまとまらず、個人プレーが目立つ……」

内容が少々誤解を招きそうなテーマですが、個人プレーといっても「野心的なプロジェクトメンバーが功名欲しさに他人を蹴落としたり、策略を企てる」といったテレビドラマにありがちな話ではありません。そうではなく、もっと日常的な振る舞い、チームメンバー間の連携といった「コミュニケーション」の部分での話です。

たとえば、チームのなかにちょっと体調が悪そうな人がいるとします。「連日出張で疲れがたまっている」「昨日の接待で飲み過ぎ、宿酔《ふつかよい》になった」など、理由はさまざまでしょう。いずれにせよ、明確に病気であったり、感染が懸念されるような症状ではないので、自分から積極的に休みを主張できず、チームとして仕事をこなしていかなければならないという状況です。そんな時、それぞれが自分のことだけを考えて仕事を進めていくと、当然、調子の悪い人の作業が遅れていきます。

また、これは特に私が多く扱ってきたＩＴ系の企業であったり、プログラミング開発の部門で顕著な事例かもしれませんが、それぞれが職人的な思考をもって自分の作業に没頭するため、チームという意識がメンバーに芽生えない。結果として、どこかまとまりに欠ける雰囲気になってしまうというケースも起こりがちです。

こういった環境はチーム全体の進捗やパフォーマンスを低下させるので、管理者やチームリーダーとしてはどうにか改善したいと考えるわけですが、なかなか難しい。私が考えるところ、こうした問題の本質は要するに**「コミュニケーションの不足」**です。

コミュニケーションの不足を解消する朝礼の意義と本質

では、どうやって上手なコミュニケーション＝意思疎通を図りながら状況を打開するか？　ひとつの実践として、**「朝礼」**を活用してみるというのはどうでしょうか？

「朝礼」というと、それこそ〝昭和的〟で無駄なものの代名詞のように認識される向きもありますが、それは単に活用の方法が悪いだけです。改善への意志のない注意やぼやき、お互いの揚げ足取りなど、朝から聞きたくないネガティブな言葉の数々、あるいは自慢話や的はずれな教訓、仕事に関係のない話をダラダラと聞かされるだけの朝礼には、コミュニケーションとしての意味はありません。

そうではなしに、**メンバー全員がそろっている場で当日の重要なトピックを確認したり、仕事の流れを共有できる場にできれば、チームとしての一体感を生み出すうえで大きな効果があります。**さらに重要なのは、**個人個人のその日の体調や精神状態をわかり合うこと、**つまり**「モチベーションの見える化」**です。具体的にはメンバーのそれぞれが、今の自分の体の調子や気分の状態を告白し合い、それによってチーム運営を調整していくのです。

たとえば「私、今日ちょっと体調が悪くて……」と誰かが言えば、**「そうか、○○さんは今日0・5人分しか稼働できない可能性があるから、□□さんが手伝ってくれ」**とか**「その分をみんなで少しずつ負担しよう」**と管理者やリーダーが舵取りを行います。そうすれば、これまでとは違う統一感をもって、チームをコントロールできるようになるはずです。

モチベーションというのは、生産性に直結する実に大きなファクターであり、そのことは第1章の最後にあげたトヨタにおける「業績」の計算式**【図4】**を思い出していただくと、納得いただけると思います。すなわち、**社員一人ひとりの「個性」と「能力」と「やる気」をかけ合わせた総和が企業の業績になる。**たとえば、どれほど能力の高い人でも、やる気＝モチベーションの方向が間違っていたり、やる気自体が出せないままでは、みんなの足を引っ張ってうまくいかなくなるのです。

　そして、管理職はその「モチベーション」を上げやすくする環境を整える立場にあります。**各人が能力を発揮できる場を提供し、モチベーションを上げやすくする環境をつくる。**そのためには何をすればいいのか。そこを考えれば「チームワーク」を形成していくポイントはおのずと見えてくると思います。

　人間は、誰しも体調や気分に波があるもの。それは仕方がないことだと許容し、**朝礼の場などで互いがモチベーションを「見える化」して、チーム全体が連帯感をもってサポートし合う土壌をつくる。**それによって、各人が**「今回は助けてもらったから、次はがんばろう」**と感じ、**「仲間が助けてくれる」**と気持ちの支えになる――こういった心情がチームに芽生えるように運営し、生産性をキープできることを証明すれば、このやり方は正しいのだとメンバーを納得させられるでしょう。

個人の力の限界を超える「チーム」のメリット

現代の風潮として、とかく「自己責任」の名のもとに個人に大きな負担を強いるような傾向があり、気分やモチベーションという点もビジネスにもち込むべきではないという意見が少なくありません。しかし、そこで働くのが人間である以上、そうした考えは先の計算式で最も重要とされる「やる気」を結果的に削ぐのではないでしょうか？　第2章の「チーム」の項目でもご説明したように、**個人でできることには自ずと限界があり、チームが力を合わせることで、そこに2倍、3倍もの速さと効率が発揮されるのは、間違いのない事実**です。

実際、さまざまな要素が複雑にからみ合った現代のビジネスにおいて、ひとりで完結する仕事などまずないと言っていいでしょう。あらゆるプロジェクトや業務は、少人数であっても常にチームを形成し、遂行していくのが基本となります。

そして、それはビジネスだけにとどまるものではありません。極端な例をあげれば、一人ひとりの判断や行動が生死を分ける戦場でもまったく同じ、否、一層重要です。事実、世界最強のエリート特殊部隊であるアメリカ海軍のネイビーシールズも、前にあげたアジャイルにおける**「スクラム」**の方法を採り入れているとされ（関連のセミナーなども、参加者の半分近くが軍関係ということが珍しくないそうです）、戦場においては4人のユニットを組んで任務に当たります。彼らは一人ひとりが最上級の戦闘能力をもっていますが、チームを組むことによって戦闘とは別にそれぞれのスペシャルな専門性を駆使しながら、お互いに助け合い、補い合い、ミッションに取り組むのです。

その場合のユニットは、射撃のプロ・爆破のプロ・通信のプロ・緊急時の衛生のプロという編成にし、任務遂行に必要なスキルを機能させるようにします。これを逆に見れば、誰かひとりでも欠けると戦場から脱出できなくなる可能性が高まり、チームが全滅する危険性が極大になるわけで、そうした事態を防ぐためにネイビーシールズでは各人が特定の分野に秀で、専門的な知識やスキル、経験をもつと同時に、その能力を軸としてほかの分野にも広く知見をもっている――そんな、スペシャリストとジェネラリストを兼ね備えた人物を望ましいとしています。

ビジネスの世界では、そうした人物をタテ軸の専門性と、ヨコ軸の広い知見を兼備するという意味から「T型人材」と呼んでいますが、社内にそうした人材を育成するには、日常的に自分以外のメンバーが何を考え、どのように作業しているかの情報を共有する土壌をつくっておくことが重要です。先ほどあげた朝礼の積極的な活用なども、そのための第一歩となる試みと言えます。

「失敗」を「成功のチャンス」に変えるために

このように、アジャイルという視点からのチームや組織の管理には、コミュニケーションを活性化させ、チームの連携を向上させることが重要です。そして、それを担保するうえで不可欠なポイントとなるのが**「失敗を許容する環境」**です。

海外との比較で見た場合、日本には失敗を許さない文化が根強くあるように感じます。仕事の面に限らず、誰かがミスをするとそれをいっせいに糾弾したり、そのことについて執拗に攻撃する風景は、みなさんもどこかで見た覚えがあるのではないでしょうか。

もちろん、何事も失敗よりは成功するほうがいいのは、確かです。ただ、学びという視点で考えると、実は**成功体験よりも失敗体験の方がずっと学びの量が多い**のです。ですから、失敗を沢山した人ほど成長が著しくなります。理由は簡単で、種々の条件がそろって成功を収めることができるのですが、その種々の条件が多過ぎて、何に気を付ければその成功を再現できるのかわからないというのが現実だからです。そのため、成功体験は単なる自慢話になってしまうことが多いのです。

一方、**失敗では必ず、失敗へ導いた主要な要因を特定できます。**そこで、次回からその失敗要因をカイゼンできれば、成功するチャンスが増えるというわけです。しかし、これを許さないという環境を前にした場合、失敗した人はどういう行動を取るか？　というと、間違いなくそのミスを隠そうとするでしょう。隠すために、つかなくてもよいウソをつくようになったり、余計なことは言わないようになったり……そうした態度は、ほかのメンバーには「個人プレー」と映りますし、徐々に孤立していく状況に陥って、隠したときは小さな失敗だったものが、やがて取り返しのつかない重大な事態へ突き進んでいくのです。

失敗はすること自体が悪いのではありません。そうではなく、**同じ失敗を繰り返すことが罪**なのです。であれば、**日々の小さなつまずきを「見える化」することによりチーム内で共有し、「振り返り」によってミスをなくしていくことこそ大切**だと思います。

前に「失敗の自慢大会」という話を書きましたが、チームとしてのそうした姿勢、最近ではGoogleにおいて実践され、広く知られるようになった「心理的安全性」と呼ばれる状態を育てることも、リーダーや管理職には意識していただきたいところです。

「失敗を許容する環境」をつくるには？

失敗やミス、問題点などを広く知らせるという行為は、自分のことでなくとも勇気や決断が必要であり、簡単ではない。だからこそ、**それができる文化や風土を意識して育てる姿勢が重要**なのです。

たとえばトヨタの場合、それはライン上で働くすべての人に徹底されています。各工程、一人ひとりの頭の上には「アンドン」と呼ばれる一種の信号灯が設置されており、もしも「おかしいな」という点に気付いた場合、躊躇なくそこに下がったヒモを引き、ラインをストップさせる。それによって、何らかのミスや問題点があった場合、瞬時にして工場全体でこれを共有できるシステムになっているのです。

頭上のヒモを引くというのは、すべてのラインが止まるわけで、分刻み、秒刻みで動いているラインでは、すぐに大きな損失が生じます。当然、ヒモを引く側に大きな勇気が必要なのは言うまでもありません。それでもなおトヨタの従業員が躊躇なくヒモを引けるというのは、**「おかしいと思ったら、躊躇《ちゅうちょ》なくヒモを引け」**という意識が徹底されているからです。

事実、ヒモを引き、ラインがストップし、調べてみたところ問題がなかったとして、当のスタッフは「なぜ止めた？」などと責められることは絶対にありません。それどころか、「よくやった！」と工場長はもちろん、時には役員や経営陣からもその決断と勇気をほめられます。なぜなら、ヒモを引かないまま、実際に問題があった場合には、不良品や欠陥品がみすみす見過ごされ、それはのちに必ずリコールなどの致命的な事態へと拡大する。そうなってからでは、リカバリや改善にかかる時間・コストも膨大なものになり、結果的に生じる「遅れ」は想像を絶するものになるからです。

失敗やマイナスの情報こそ、すみやかに「見える化」して早い段階で改善すること。それもまた、アジャイルワークにおける重要なポイントということが、おわかりいただけたでしょうか。それは、先にあげたモチベーションの向上においても同じであり、何ごともホンネで語り合える「心理的安全性」（それは高度成長期の日本企業には、当たり前のようにあったものです）を取り戻す工夫を、ぜひ取り入れていただきたいと思います。

3 現場編

「やり直しが多い上司、どう対応すればいい？」

第2章にも書きましたが、一般にバックオフィスと呼ばれる事務部門、あるいはソフトウエア開発の技術者といった職種のビジネスパーソンにとって最大の無駄が「やり直し」です。事実、やり直しを求めたがる上司や管理職の下で働くと、モチベーションを保つのに苦労します。

たとえば「会議に出す資料をつくって」と言われ、2〜3日かけて一生懸命に作成する。ところが、提出すると「ちょっとイメージしてたのと違うから、やり直して」――その瞬間に、作業時間は100%無駄になります。こういった経験は、みなさんにも少なからずあるのではないでしょうか？

この場合、上司の側が最初にただ「資料」とだけ伝えるせいで、こういった問題が起こります。そうではなく、**まずどのような資料が必要なのか、資料の中身が重要なのか、わかりやすくポイントを説明する体裁を重視してほしいのか、**そうしたアウトプットのイメージ、作業内容のコンセンサスを確認しなければなりません。**大切なのは、ゴールのイメージの共有**なのです。

「見える化」と、「ダンドリ」でゴールを的確に掴む

また、たとえゴールのイメージがある程度共有できたとして、それが途中で変わることもあり得ます。このケースでは、作業者側と管理者（依頼者）側のそれぞれに原因が考えられ、作業者でいえば作業の進行につれてイメージから少しずつズレていき、最終のアウトプットに齟齬が出る。そしてもうひとつは、依頼者が途中で意見を変えたり、もともとの指示の方向性が変更されたりするパターンです。むろん、管理職個人のその場の思いつきでコロコロ意見が変わっていくのは問題ですが、組織の意思決定は日々変化をしているため、そうした可能性はゼロにはできません。

しかし、これら「手直し」が生じるさまざまな原因、すなわちそもそもの曖昧なイメージ設定も、作業者側のイメージからのズレも、ゴールそのものが途中で変わってしまうケースも、アジャイルワークを導入していればこれを未然に防ぎ、また機敏な対応ができます。なぜなら、そこには作業の手順も、進行状況も、最終的なアウトプットのイメージも、すべてが「見える化」され、「ダンドリ」が整えられているからです。

仕事に関わるすべての要素が「見える化」されていれば、目標に至る作業はスタートの段階で手順・内容・目標とすべてが共有され、「手直し」の可能性を最初から減らすことができます。また、手順の要所要所で作業のポイントがズレていることも自分たち自身で確認でき、その時点で管理者が適切に注意を促せば、あとの作業が無駄になることはありません。管理者の指示の変更やゴールの修正に対しても、リアルタイムに対応し、先回りしての「ダンドリ」の修正など最小限の変更にとどめることもできるでしょう。

要は**「手直し」に関わる無駄を、できる限り減らすことができるため、作業の効率を大きく下げず、また指示の変更の際にありがちな〝突貫作業〟など、現場の無理も必要がなくなる**のです。

具体的には、第2章で触れた**「タスクボード」**の積極活用が決め手になります。タスクボードには、**「To Do（これからやること）」「Doing（やっていること）」「Done（終わったこと）」**と「ダンドリ」に応じた3つの区画をつくっておき、それぞれに担当の個人あるいはグループごとの動きを「タイムボックス」に切り分けた状態で付箋に書いて貼っておく。そのうえで、**オフィスの中央などの誰もが見られる場所に掲げ、チーム全体の作業の現状をリアルタイムで共有しておく**のです。

この場合、「タイムボックス」は個人の作業管理の場合（1時間を標準に考える）よりは長いスパン、1日単位、1週間単位などになるかもしれません。とにかく、こうしたかたちでの共有ができれば、手順、内容、目標のどこに、どんな修正や変更が起こっても、必要な作業手順のみを、即座に、効率よく、必要な分だけ調整することで、柔軟で機動性のある対応ができます。もちろん、これまでのように全部の工程が終わってから「やり直し」などという、不幸もあり得ません。手直しの指示にしたところで、「To Do」の区画に目立つかたちでメモを貼ったり、付箋に赤字で書き込んでおけば、いちいちミーティングなどをする必要もなく、毎朝あるいは毎時ごとの確認で、周知することは簡単です。

デジタルよりもあえてアナログが効果的

やり方は、このようにアナログでかまいません。否、流行りのSlackなどビジネスチャットと呼ばれるデジタルツールの場合、仮に共有を促してもメンバーがそれを見ない限り、意味はないでしょう。**それよりも、オフィスの真ん中にデン！　と据えられたボードのほうがはるかに有効**です。メンバーがそれぞれそこに掲げられた情報をチェックし、隣の人、同じグループの人に「変更があったから、チェックしておこう」と声をかけ合うことのほうが、ずっと速く、深く、アラートが伝わるのを、私自身、これまでのコンサルティングの現場で実感してきました。

その意味でも、前に「ペアプロ」のところで書いたように、オフィスはパーテーションで仕切られ、シーンとしたなかで「隣は何をする人ぞ」な環境ではなく、ワイワイガヤガヤと常に活気に満ちた声であふれているのがあるべき姿。それはまた、前のケースでも重要と申し上げた「心理的安全性」を高めることにもつながります。

もちろん、タスクボードを掲げ、「見える化」をすればそれで万事ＯＫというわけではありません。一歩進んで、「手直し」のリスクを減らす、あるいは「手直し」が起こりそうな作業の手順や内容を未然に発見し、先回りをして対応をするという点では、**管理職を筆頭に現場のメンバー全員が「気付き」を大切にする姿勢が重要**です。

トヨタではそうした「気付き」についても、徹底した現場主義によって、全社員が身につけています。**すべての課題は現場にあり、会議や机上の議論を重ねるよりも、とにかく作業が行われている現場に立って目をこらし（同社では実際、管理職や役員も生産ラインに立って〝定点観測〟することが当然とされています）、行動や判断を妨げる要素がないかを発見する。そうして問題点と改善点を鵜の目鷹の目で見つける**ことが、世界最速の経営を実現する原動力となっているのです。

この、いわゆる**「現地現物」**の発想こそが、アジャイルワークを支える大原則と言っても過言ではありません。とりわけ、管理職やリーダーのみなさんは現場の視点を第一に、単なるマネジメントにとどまらない「気付き」を大切にしていただきたいと思います。

4

現場編 「会議が無駄に長いだけで建設的な意見が出ない……」

これは本当に、どの業種、どの職種でも聞く悩みです。日本企業の宿痾《しゅくあ》とさえ言えるかもしれません。会議さえやっていれば、何か仕事をした気になっているケースが圧倒的で、そこには何ら成果も出ていない。1日が終わって、やったのは会議だけ、それでもなお何も決まらず、肝心の自分の作業は定時を過ぎてから……というのでは、時間がいくらあっても足りないのは当然です。

そこでまず、会議そのものについて掘り下げてみます。とりあえず、参加メンバーはチーム10人、時間は2時間くらいと設定してみましょう。

さて、会議を開く以上は何らかの成果を出す必要があり、そのためにも参加するメンバーは全員が意見を出さないといけません。たとえば10人が招集されたなら、それぞれ独自の意見や見解を提示してもらい、それこそ十人十色の多様な考え方で議論を白熱させた先にこそ、しかるべき成果は生まれるものです。

メンバーのモチベーションから会議の目的を見直す

ところが、これは非常に多いことですが、最初から「仕方なく」とか、時間つぶしのような感覚で参加するメンバーがいると、人数を集めて会議を行う意味がなくなってしまいます。あるいは、特定の2～3人ばかりが発言して意見が偏るとか、声の大きさによって結論が決まってしまうというのもしばしば見られるパターンです。また経営陣をはじめとする管理者の独演会のような長話を延々と聞かされる、そうしたケースも少なくないのではないでしょうか。

そうであれば、**この会議はもともと何のためにやっているのか？　という点から、まずは見直す必要があります。**典型的なのは「今日は情報を共有するために集まってもらった」という通達の場で、本来なら会議を開く必要はありませんが、「キックオフミーティング」

のようにプロジェクトを進める前段階で目的や役割を報告するものや、「オリエンテーション」のように新入社員に対して経営方針やルールを伝えるといったパターンはあり得るかもしれません。

これら通達の場ではなく、ともかくも意見の交換を前提とする会議の場合、そこには特性によるいくつかの種類があり、大きく分けると**「集約型」**と**「発散型」**のふたつになると思います。前者はある議題に対して意見をまとめていくもので「意思決定会議」とでも言いましょうか、そして後者は「ブレーンストーミング」のような**意見出し、アイディア出しを目的とした会議**です。

これらを踏まえたうえで問題点にアプローチしていくと、まず「無駄に長い」という部分は、日本のビジネスパーソンにおける「仕事に対する時間」の捉え方に原因があるでしょう。定時で仕事を終えられない、終わらなければ残業すればいい、といった考え方を基本としているせいで、会議においても**「良い意見が出るまで続ければいい」**となってしまうわけです。

そもそも、会議の時間設定にしたところで、1時間とか2時間とか一応は決めますが、その設定に何か根拠があるのかといえば、実はほとんどありません。感覚的に「まあ、会議は2時間くらいじゃない？」とか、上司が「今日は1時間しか時間が取れないから」といった偶発的な理由によるものだと思います。

その程度の決め方であれば、いっそ会議にも**「タイムボックス」**の概念を適用させてはどうでしょうか？　初めから1時間なら1時間と決めて、議論の途中であってもそこで終わらせる。こうすることで、制限時間すなわち会議という作業の〝締め切り〟が明確に迫ってくるなかの議論になれば、とにかく集中して、考えて、どんどん意見を出そうという状況が生まれます。結果、意見の交換は活発になり、スピードと成果の伴う会議にすることができるでしょう。

会議後には必ず「振り返り」を

もちろん、最初からうまくはいきません。議論の途中で、決められた時間がきてしまうことも多いと思います。しかし、どんな状態でも会議は終了です。肝心なのはそのあとで、単に「時間になりました。はい、解散」で終わらせず、そこから「振り返り」を行ってみるのです。**なぜ、会議が予定の時間で終わらなかったのか？　どうしたら1時間で終わら**

図9　タイムボックス・ストーミング

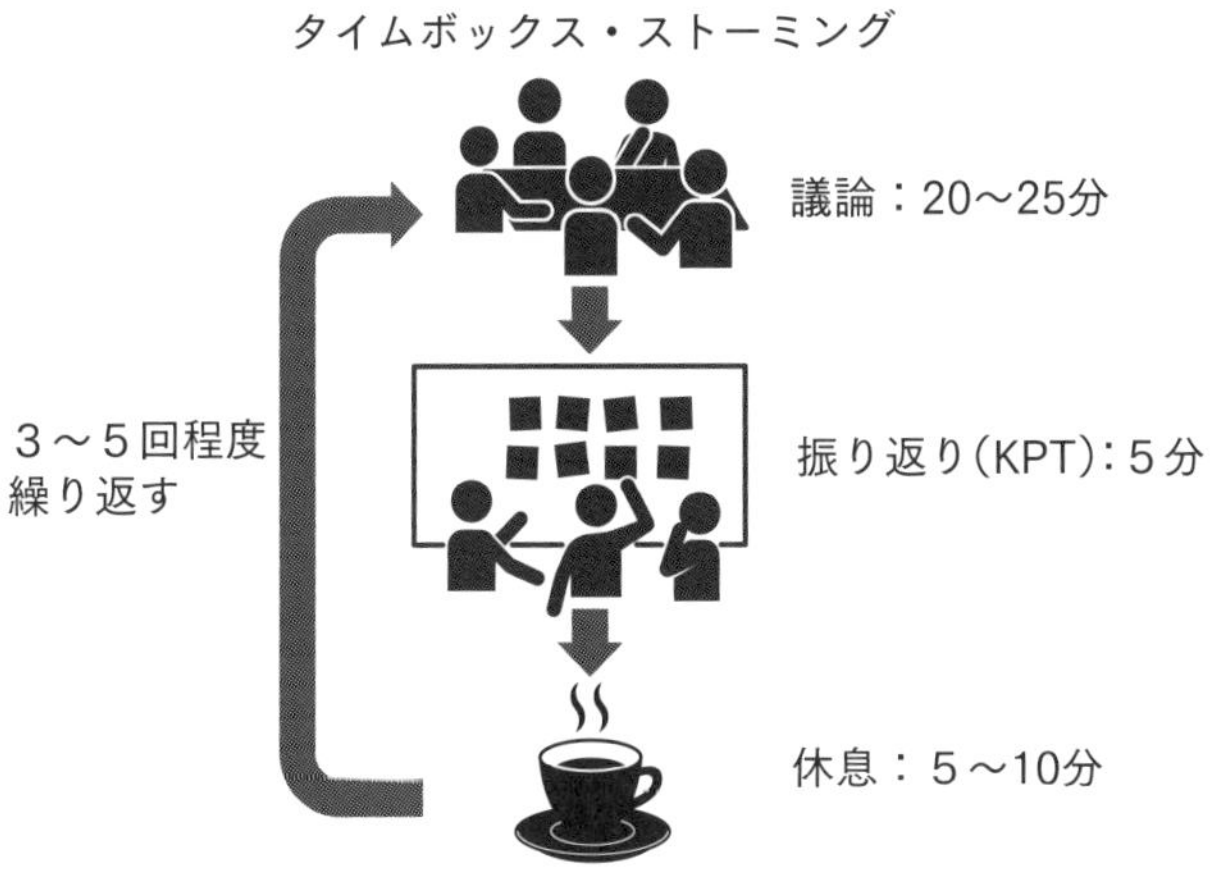

せることができたのか？　そうした点について、メンバー全員で原因をきちんと探ってみましょう。

そうすることにより、たとえば「部長の話が長かった」とか「資料の説明が不十分だった」などの意見に対し、「発言は簡潔に」とか「必要な資料は事前にそろえて目を通しておく」といった改善策を講じられます。これを繰り返していくうちに、会議のやり方がブラッシュアップされ、遠からず、効率的な会議を行えるようになるはずです。

第2章でも触れたように、アジャイルワークには**「イテレーション」**と呼ばれる、短期間で開発を繰り返すサイクルを表す言葉があります。具体的には、**設計↓開発↓**

テスト→改善をひとつの工程とし、これを短いスパンのなかで繰り返し実行することで、問題の早期発見や改善を実現できるようにするのです。

「タイムボックス」と「振り返り」で会議の効率化をはかるのとあわせ、この「イテレーション＝繰り返し」の手法を導入するというのも、有効だと思います。具体的には、先ほどの1時間という「タイムボックス」の運用に、さらに20分区切りで進める「イテレーション」のやり方を組み込むのです。つまり、3回のサイクルを回して実質の延べ会議時間は、20分×3回で1時間。正味の会議時間は1時間と同じですが、20分×3回に分割することで、より短い時間でソリッドに思考して、「振り返り」も充実した密度の濃い会議にできるでしょう**【図9】**。

かく言う私の場合、ワークショップなど2時間単位での会議を経験することが多く、その場合は120分を20〜25分×5回で回しますが、参加されるみなさんの発言も活発で、通しで行うよりもアウトプットが倍以上違ってきます**【図10】**。ただし、「タイムボックス」や「イテレーション」などを用いたやり方は、先ほどの会議の分類でいうとあくまで「集約型」向け。「発散型」のブレーンストーミングなどは、できる限り自由な発言が必要になるため、時間の縛りやプレッシャーのないほうが趣旨に合うと思います。

図10　タイムボックス・ストーミングのタイムチャート（例）

1時間の会議の場合

13：00-13：20（20分）　：第1議論スプリント
13：20-13：25（5分）　：振り返り（KPT）
13：25-13：35（10分）　：休憩
13：35-13：55（20分）　：第2議論スプリント
13：55-14：00（5分）　：振り返り（KPT）
14：00-14：10（10分）　：休憩
14：10-14：30（20分）　：第3議論スプリント
14：30-14：35（5分）　：振り返り（KPT）

2時間の会議の場合

13：00-13：25（25分）　：第1議論スプリント
13：25-13：30（5分）　：振り返り（KPT）
13：30-13：40（10分）　：休憩
13：40-14：05（25分）　：第2議論スプリント
14：05-14：10（5分）　：振り返り（KPT）
14：10-14：20（10分）　：休憩
14：20-14：45（25分）　：第3議論スプリント
14：45-14：50（5分）　：振り返り（KPT）
14：50-15：00（10分）　：休憩
15：00-15：25（25分）　：第4議論スプリント
15：25-15：30（5分）　：振り返り（KPT）
15：30-15：40（10分）　：休憩
15：40-16：05（25分）　：第5議論スプリント
16：05-16：10（5分）　：振り返り（KPT）

感情を素直に出した「振り返り」を行う

一方、会議におけるもうひとつの問題、**「建設的な意見が出ない」**ことへの対処法では、「振り返り」を有効に導入するのが重要になります。たとえば「仕事が時間内に終わらなかった」とか、「不良品の発生が増えた」とか、もちろん「アウトプットまでのスピードが速くなった」などのいい話でもいいでしょう。**目の前で起きたことへの「振り返り」であれば、体験したことを「振り返る」わけで、誰にとっても意見を述べやすい**はずです。

特に難しい話やりっぱなことを言う必要はなく、個人的に気になったこと、引っかかったことを話すだけで大丈夫。単なる感想や、「うれしかった」「悔しかった」などの感情の吐露でもかまいません。こうした場合は「振り返り」を前向きで建設的な意見へとつなげていくため、**感情をストレートに出してもらうほうがいい**のです。

その際、**重要な役割を担うのが、いわゆるファシリテーター役のメンバー**です。ファシリテーターが話しやすいように場の雰囲気を導き、各人の発言を肯定的に受け入れる姿勢を示すことで、参加者は進んで口を開くようになります。いい意見、ダメな意見などという分けへだてをせず、先にあげた「心理的安全性」を第一にすることで、特に「発散型」

のブレーンストーミングなどでは短い時間内に活発な意見を引き出せるはずです。

そうした場では、突拍子もない意見に対しても、発言の意欲をそぐ「そんなことは無理だ」や「現実を考えて」など、上司や管理職がしばしば口にしがちな言葉はタブーです。時には、自分たちや会社の方針について辛口の意見が出されることもあるでしょうが、**そんな場合はなおのこと、感情的な意見も抑えつけずにどんどん出してもらう。そのうえで、それをまとめて改善への要求としていくのも、ファシリテーターの大切な役目**と言えます。

そう考えてくると、会議における活発な意見交換には上司と部下、入社年次やキャリアの違いをどれだけフラットにできるかという点も重要になってくるでしょう。

「振り返り」の場に上司や管理職は不要

ここでまたアジャイル開発の例になりますが、開発チームで実施する「振り返り」の場には、管理者やステークホルダーには参加を認めていません。開発チームのメンバーだけで、密室で実施し、そこでの発言は、誰が何を言った、どんなことを口にしたという責任や発言者の追及も一切されません。**上司や管理職は、ファシリテーター役がまとめて上げ**

てくれた会議の意見を受け、制度やルール、予算など、現場スタッフには難しい改善を進めていくことのみが求められます。仮に自分や会社にとって耳が痛いことであっても、それを理由もなく拒んだり、威圧的になったりすることは許されません。

この点では、トヨタにおいて**「なぜなぜ5回」**という物事を考える際のスタイルが浸透しており、それが活発な意見の応酬を支えているのも見逃せないでしょう。呼び名のとおり、何事についても「なぜ」という疑問をいくつものフェーズで掘り下げる。たとえば「得意先への訪問に遅れた」という場合、それは「なぜ」起きたのか？　の検討をなおざりにせず、最低5回は繰り返すのです。

①なぜ遅れたのか？　↓予定していた電車に乗れなかった
②なぜ乗れなかったのか？　↓予定時間に会社を出られなかった
③なぜ出られなかったのか？　↓直前の会議が長引いた
④なぜ会議が長引いたのか？　↓課長の話が長かった
⑤なぜ課長の話は長かったのか？　↓発言の際のルールができていなかった

こんなふうに、**ささいな出来事であっても、その根底に潜む真の問題（根源）を見つけない限り問題の解決はできません。**真の問題は形を変えていたるところに表出しますので、表面的な問題認定で手を打つと「もぐらたたき」のように常に問題に対処することになります。かくて、**とことん掘り下げる姿勢は、同社ならではの改善の原動力となっているわ**けです。

アジャイルは単に速さだけではなく、人と組織の機動性を高めるための行動習慣という面から見た場合、これらトヨタならではの方法は、いずれも理にかなったものと言えるのではないでしょうか？　会議の問題には、管理職の意識や会社としてのあり方、企業文化・風土が影響する場合もあり、そのあたりを見極めながら改善を進めていただきたいと思います。

5 管理職編

「現場がマニュアル通りに仕事を進めない」

本章の最後に取り上げる悩みは、その先にある答えによって問題の質が様変わりします。**現場がマニュアル通りに仕事を進めないことによって、どのようなトラブルが発生しているでしょうか？** 製品・サービスの品質が落ちたり、効率が悪くなって期限通りに仕事を完了できないといった事態が発生しているということでしょうか？ それなら大問題です。今すぐ「見える化」や「ダンドリ」を徹底し、可及的速やかに改善を行いましょう。

しかし多くの場合、おそらくはそういう状況ではない、と私は思います。この悩みを意訳するならば**「私の言うことを聞かない」**、つまり**「私の許可なく勝手にやるな」**という管理職特有のプライドに関わる悩みということではないでしょうか。

そうであれば、現場の対応は間違っていません。ずばり言いましょう。間違っているのはマニュアルのほうなのです。

現場を知らないからマニュアルが間違っている

マニュアルをつくるのは誰でしょうか？　ほとんどは上司あるいは管理職でしょう。しかしながら、**そういった方々は多くの場合、現場の仕事を知りません。**そのために、現場にとってははなはだ「使いにくい」マニュアルになるのです。

「現場を知らない」という言い方は語弊があるかもしれません。現在の上司も管理職も、かつては新人・平社員として現場を経験したことでしょう。しかし、それはいつの話でしょうか？　10年前？　20年前？　そうであれば、テクノロジーがかつてない速さで進歩している現代、使う機械も道具も今とはまったく違っているでしょう。それだけではなく、労働環境も社会環境もメンタリティだって変わっています。

そうした点を考慮に入れず「知っているつもり」の手順や項目がマニュアルに多く記載されているため、「今」の現場では使えないものになっているのです。**本当のマニュアル**

は「現場でつくれ」、これが一番の解決策です。現場の人間が使うルールであれば、当の現場でつくらないと本当の意味がありません。

この点に関して、私自身も面白い体験をしました。ある工場で、コンピュータのシステムをつくるということで現地調査を行った際のことです。最初は工場を運営・管理している部署のスタッフの方が来られ、作業工程の説明を受けました。その内容は理路整然としてよどみなく、きっちりしていたので「なるほど」と感心したのですが、次に現場で働いている職長さんに話を聞いたところ、先ほどの運営・管理のスタッフとはまるで違うことを話されるので大変驚いたのです。

実際、このように管理側と現場側の間に齟齬が発生するのは珍しいことではありません。その場合、**どちらを重視するかといえば、もちろん「現場」**です。トヨタの**「現地現物」**のように、現実はすべて現場にあります。管理者は自分が「わかっている」と過信せずに、もう一度現実＝現場を見直すべきなのです。

アジャイルワークが「マニュアル」ではない理由

前にも述べたとおり、人間というのは良かれ悪しかれ考える生き物です。自らの経験から学習する動物だからこそ、与えられたマニュアル通りにはけっして行動することがありません。逆に言えば、そこにこそ改善や進歩の芽もあるといっていいでしょう。

たとえば、新入社員がマニュアルを与えられます。初めの数週間はその通りやるでしょう。しかし、多少とも仕事や作業に慣れてくれば**「ここは、こうしたほうが手際が良くなるな」「書いてある通りのやり方だと自分はやりにくいので、ちょっと変えよう」**といったように、独自に改善し、やり方を変えるものです。私の経験から振り返っても、100％そうなります。

ここが大事なところですが、**改善はまずは「自分のため」にある**のです。それが、品質の維持や効率化に結びつき、ひいては顧客やクライアントといった「お客様」の利益につながっていくわけで、けっして会社や管理職を喜ばせるために行うわけではありません。

事実、アジャイルワークは「マニュアル的」だという批判をされることもありますが、私としては的はずれな指摘だと思っています。アジャイルワークの場合、確かに「見える化」や「ダンドリ」など決められた方法で作業を細分化し、手順を見直しますが、いわゆる「マニュアル」に比べそこまで細かく書かれてはいません。言い換えれば、**アジャイルには単なるマニュアルにはない深さ、あるいは余白のようなものがある**のです。

もちろん、その余白によって個々人の捉え方が変化してしまうなど、管理職としては不安な面もおありかもしれません。その点は、料理のレシピを思い出していただけると、わかりやすいでしょう。レシピには「適温」や「適量」など、個人の感覚に委ねる表現も多く、そうなると実際にできた料理に味の差が生じることにつながっていきます。でも、そこにこそ終わりのない改善のダイナミズムは生まれるのです。

現状の硬直したマニュアルが機能していないとお感じであれば、ぜひアジャイルワークの仕組みを〝マニュアル的〟に導入してみてください。既存のマニュアルだけでは起こり得ない劇的な変化に、きっと驚かれると思います。

*

本章では、実際のビジネス現場で起こりがちな問題を取り上げ、アジャイルワーク活用の具体的な方法の数々をご提案してきました。次の章では、実際に私がコンサルティングをさせていただいた企業について、導入と運用の実際、そこに生まれた変化やメリットについて、ご担当の方の体験もまじえつつご紹介していきましょう。

第4章

アジャイルワーク事例編

―― アジャイルワークをいかに企業に導入し、成功へと導くのか

AGILE WORK

「アジャイルワークは、組織全体の機動力を圧倒的に向上させる」

本書ではここまで、アジャイルワークの考え方と、それに基づく現場の仕事術についておもに個人からチーム単位までの実践のヒント、ノウハウについてご説明してきました。お読みいただいたみなさんには、アジャイルの理論の基礎を理解し、方法を学び、その有効性をある程度実感いただけたのではないでしょうか。

しかし、**アジャイルによる改善は、その範囲に留まらず、会社でいえば課や部、さらには組織全体まで、大きな視野での機動力アップや効率化を圧倒的なレベルで実現するのが、本来の目的。**私自身も序章で書いたように、アジャイルの原点にして最先端であるトヨタのＴＰＳやＴＭＳの方法を、製造業を越えた広い業種の多くの企業にコンサルティングしてきました。

そこで、本章ではこれまでよりも少し視野を広げ、私自身がアジャイル導入のお手伝いをしてきた企業の成功事例を、つぶさにご紹介したいと思います。ご登場いただくのは、モバイルコンテンツ配信事業を手がける株式会社エムティーアイ（以下「ＭＴＩ」）の事業部長を務められ、現在は株式会社ＵＮＣＯＶＥＲ　ＴＲＵＴＨで取締役ＣＯＯの椅子にある小畑陽一氏。小畑氏とは、前職のＭＴＩへのアジャイル導入の際に〝二人三脚〟でお手伝いをさせていただき、業務の効率化を中心とした組織全体の作業プロセス改善に大きな成果をあげることができました。

以下では、そんな小畑氏ご本人へのインタビューに基づき、**アジャイルの導入により何が変わり、どんな効果が生まれたのか、また全社的な導入にあたりどんな難しさがあり、それをどんな工夫で解決したのか**といった点を、当事者ならではの言葉で語っていただこうと思います。というのもアジャイルによる改善は、これまで書いてきたようにさまざまな知恵とノウハウの集積であり、導入の実際については各企業の業種、規模、既存のシステム、さらに風土、文化によってベストの選択が変わってくるもの。それだけに、何よりもそこで働く方が感じた生の声でお読みいただくのが一番と考えるからです。

実際、私自身が企業にコンサルティングする際は、手取り足取り、イチからご指導するという方法はほとんど取りません。そうではなく、**アジャイルの原理原則とノウハウのヒントをお教えし、それを基に企業の側が自分たちに最適のシステムやルールの構築へ、創意工夫をこらしていただく――そうすることで、その組織にとって最適の改善方法が見つかり、絶大な効果があがる**というケースをこれまでに数多く見てきました。

そこにはむろん、経営トップから現場の社員のみなさんまで、相応の意識および行動変革は必要になりますが、導入が進むにつれてそのメリットがはっきりと実感でき、結果として会社全体の幸せも目に見えて大きくなります。**アジャイルには、個人にとっても組織にとっても、それぞれの仕事をハッピーにする力がある**からです。

読者のみなさんには、小畑氏が語る以下の体験をお読みいただき、それをご自身の会社に重ね合わせることで、アジャイルワークの考え方、方法、実践のポイント、もたらされる効果……などについて、一層深く理解いただけるでしょう。

体験談

株式会社UNCOVER TRUTH
取締役COO
小畑陽一氏（おばた・よういち）

ビジネス全体のアジャイル化へ
——きっかけは開発体制の見直しから

戸田さんにお世話になったのは前職のMTIという会社で、私が事業責任者のポジションにいた2010年の頃です。MTIでは当時、モバイルサイトの構築・運営を支援するパッケージソフトの提供業務をしており、2010年頃というのはまさにそのプロダクト開発が大きな変革の時期を迎えていました。従来型の、お客様のシステムに直接インストールするやり方から、ソフトウエアをクラウド経由でご提供し、ご利用いただく、いわゆるＳａａＳ（Software as a Service）への移行が急速に進みつつあり、さらなる開発スピードの向上と運営サービスの効率化が求められていました。

特に私自身が統括していた事業モデルはＢ ｔｏ Ｂビジネスで、同業他社のなかでもシェアはトップ。高付加価値モデルを志向して高額な価格設定をしていました。その分、カスタマイズなど開発範囲が多岐にわたる条件下で、市場が求める効率化に対応すべく、プロダクト開発からデリバリーまでのオペレーションを見直す必要がありました。そうしたなかで、アジャイルというフレームワークの存在を知り、それほど効果が上がるのならぜひ自社でも採用してみたいと、戸田さんの会社にコンサルティングをお願いしたわけです。

当時の顧客企業は、日本国内のＥＣ市場で売上トップ１００社のうちの半数とで、さらには大手証券会社のほとんどがクライアントでした。当然ながらセキュリティ面の堅牢性など非常にクリティカルな要件も抱えています。くわえて、幅広い顧客に対応するためにカスタマイズ性を要求されるなかで、デリバリースピードもなければならず、そうした課題への対応がアジャイルワーク導入のそもそもの大きな目的でした。このように、アジャイルワークを取り入れることに関しては会社主導で始まりましたが、戸田さんからレクチャーを受けるうち、アジャイル的な手法はそもそもトヨタさんが源流とわかり、部長以上の役職に向けた勉強会・研修も盛んに開催されるなど、アジャイルへの関心は徐々に全社的な広がりを見せていました。

しかも、ある種の必然と言いますか、実際に開発の現場でアジャイルを導入・実践してみると、目に見えて開発スピードが向上しました。その半面、プロダクト開発だけがスピーディに推進できても、サービスそのものをお客様にデリバリーしていくところまでのバリューチェーン全体への波及効果は限定的でした。

そこには、開発部門だけでなく社内体制全体への最適化が必要ではないかと気が付きました。エンジニアリング部分の効率化だけでは、顧客にデリバリーするまでの「プロジェクト全体を最適化」できないという問題点に突き当たったわけです。ならば、いっそ事業全体を最適化していこうということで、管理対象全部門の責任を負う私としても、全部門をまたいだマネジメントを最適化すべく、戸田さんに教えていただいていた「ビジネス全体のアジャイル化」へ向けてさらなる一歩を踏み出しました。

部門全体を貫いた「ボード改革」

――アジャイルで組織をアップデート

では、実際にどのようにしてビジネスシーンにアジャイルワークを活用していったのかというと、基本となるボードを使った「見える化」からでした。

戸田さんからは『見える化』こそ、アジャイルの基本のキ、一丁目一番地です」と教わっていました。まずは私の席の後ろにスペースをつくって、すべての部門がそれぞれにタスクボードを用意しました。部署には100人くらいいたのですが、そのボードによって全メンバーが現状を確認できるようにしました【図11】。

具体的にはビジネス全体を俯瞰するために、マーケティングから商談につなげて、営業が商談を進捗させて受注したら、開発部隊が動いてサービスをデリバリーしてお客様に届ける、という流れにそって見渡せるようにしました。目的は、関わる前後の部署で滞りや分断が発生しないようにするためです。ビジネスのフローチャートを形成する各部門の細

図11　スタート当初のシンプルなボード(上)と業務全体に進化したボードスペース(下)

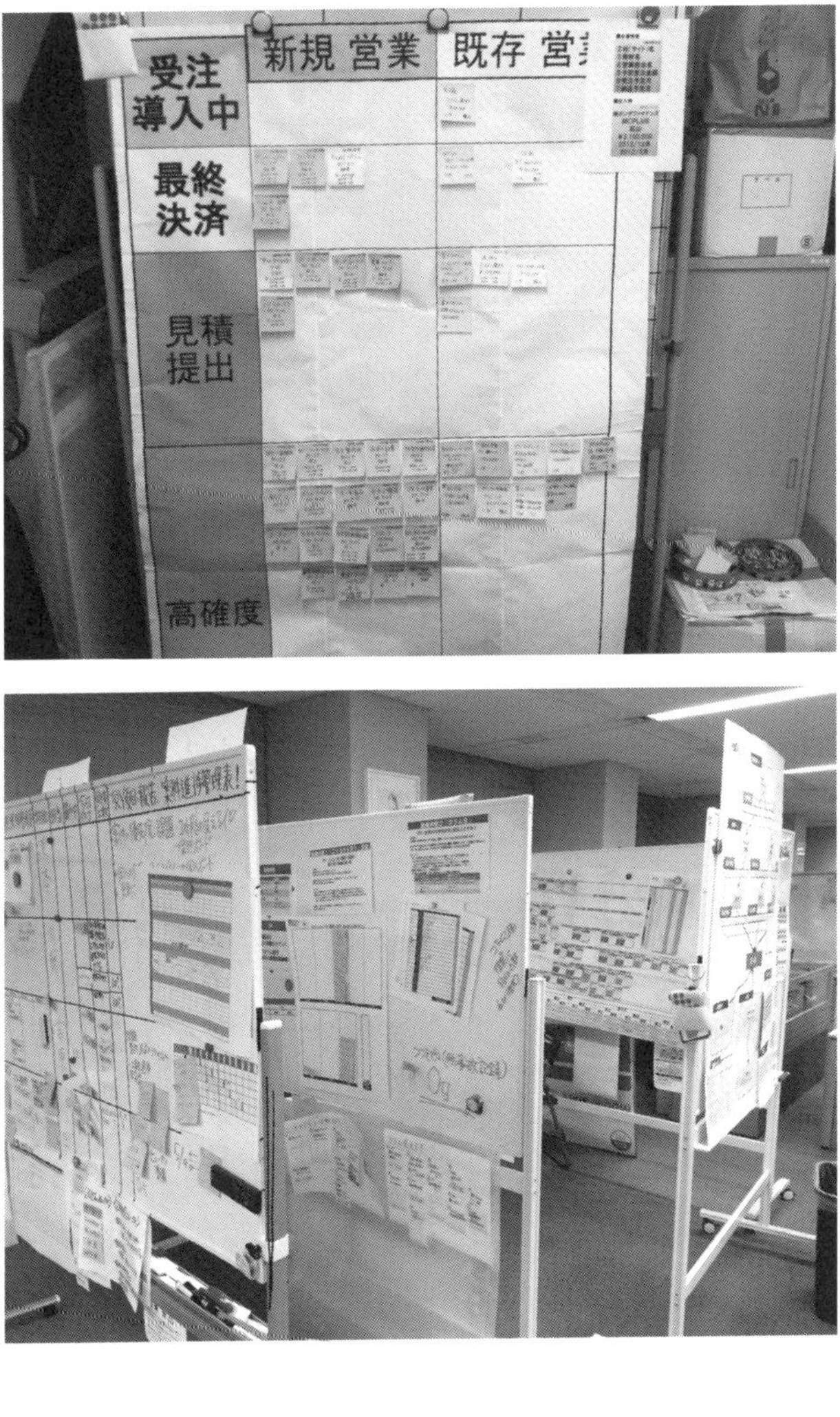

かなプロセスを、ボードワークで管理することにより「見える化」を成立させているといったところでしょうか。

たとえばKPI（Key Performance Indicator 重要業績評価指標）、目標の達成に向けた部署・部門の動向を把握して達成状況を定点観測する——まさにアジャイルのためのツールのような考え方です。このKPIをツリー図に起こして、営業部門なら「営業推進チームで販促やアポイント取りを行う」「営業チームがチャネルや直販で実働部隊として案件を引っ張ってくる」などの過程を図に表示。チャネル営業や直販営業を個別のボードにして、売上やスケジュールの予測を把握します。営業組織に限らず、成果の指標を定量的に定めたKGI（Key Goal Indicator 経営目標達成指標）がどう進捗しているかを見るボードを作り、KGIに連動するKPI管理を行いました。こうして、事業全体のビジネスフローを細かく分解したプロセスをボードワークに落とし込み、事業を「見える化」しました**【図12】**。

このような取り組みを経て、事業部門に所属する全員が事業の進捗状況を把握できるようになりました。ここまで可視化することで、部署間の受け渡し準備が用意周到にできる

図12　事業を「見える化」するプロセス

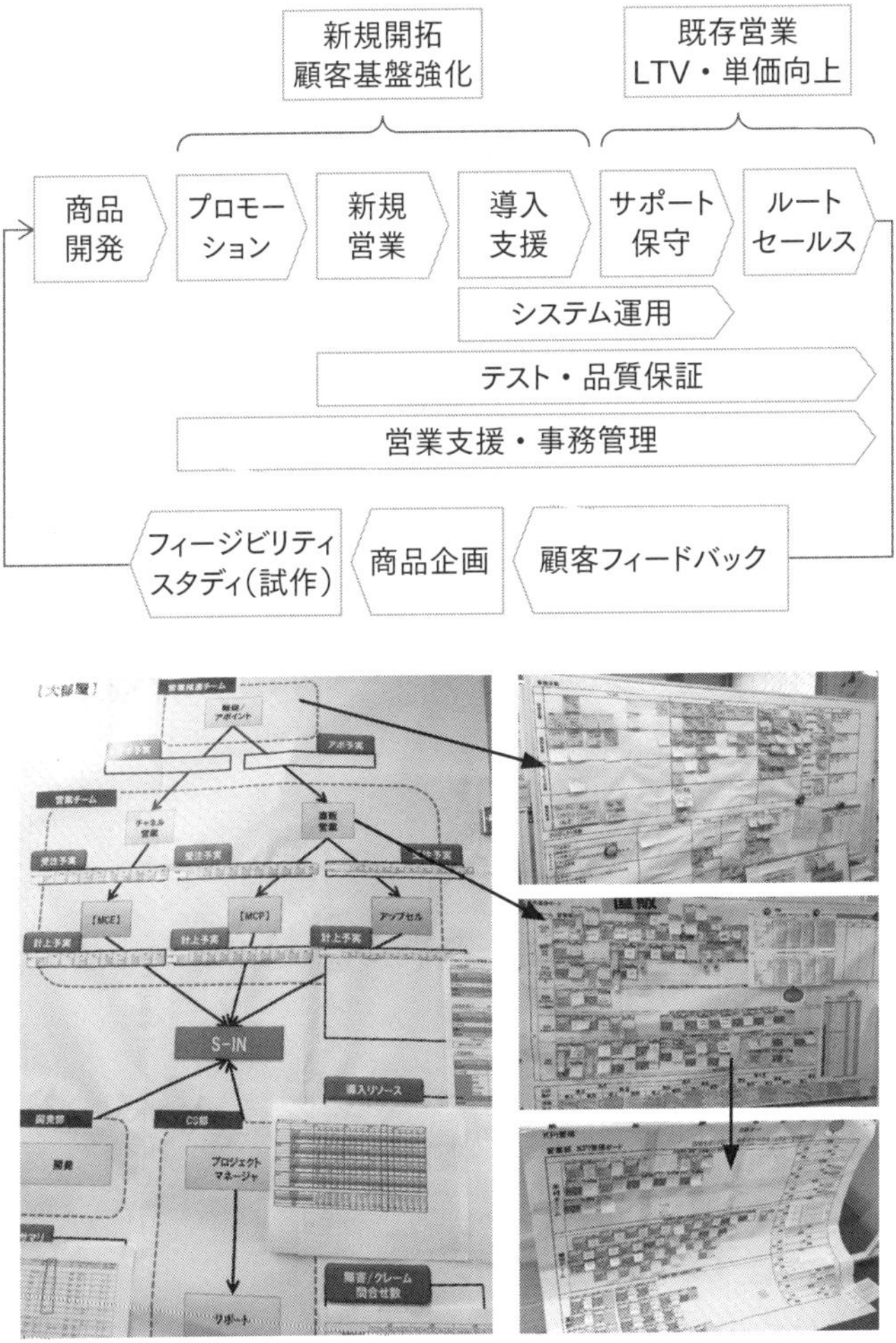

という、理想的なバリューチェーンの成立が可能になると思います。よくある課題として、組織が縦割りで、営業が仕事を取ってきたとしても「いや、開発のリソースが足りないよ」などと残念な話になるケースがありますが、「見える化」は問題を解消し、効率化を図るとともに生産性を上げていく仕組みを実現する最適なツールでした。

トラブルが発生したり、特に品質に影響を与えるリスクなどを検知した時には、敢えて全体の流れを止めて、全員に問題が発生したことを知らしめ、最優先で課題解決をみんなで取り組み一気に問題を解決すると言うイメージです。

これは品質こそ、我々の一番大事な事という意識を全員に植えつけます。解決の際も、いちいち会議室に集まるようなことはせず、ボードを中心にスタンドアップミーティングで全員がその場で知恵を出し合い、協力しながら改善していくスタイルにしました。現地・現物・現実といったキーワードを信じての行動です。

まさにアジャイルで言うところの「振り返り」の実践と、それを核にした「イテレーション」が動き出したというわけです。

アジャイルの方法は企業の数だけある
――「チケット」という新発明

アジャイルワークによって部門が最適化されていくなか、MTI独自のアジャイル手法も生まれました。

それが「チケット」というツールです。必要な情報を1枚のチケットにまとめた伝票を事業に最適化するように作り込みました。1枚のチケットは1プロジェクト（顧客）ごとに作成され、それが営業部門からデリバリー部門に渡り、最後はカスタマーサポートなどの支援部門や経理部門まで次々と受け渡されます。チケットには全社で知るべき情報がすべて記載された顧客の要件が記されており、営業時に得た顧客情報、提供商品、予算規模、希望納期などが網羅されています**【図13、図14】**。

この方法によって、それぞれのプロジェクトの全貌は1枚のシートで確認できます。チケットの動きをチェックしておけば、開発の後工程を受け取るデリバリー担当のチームな

図13　独自のアジャイルワーク手法「チケット」

MC系ASP新規（アプリ含む）条件　チケット

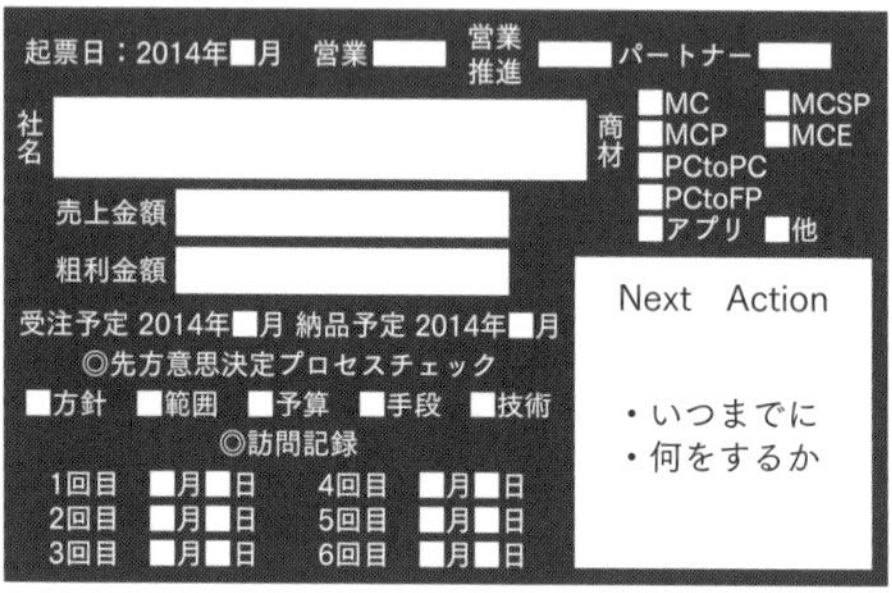

チェックポイント

1、営業推進担当は明確になっているか？
　営業推進も常にステータスを把握し、報告できる状態にしておく
2、粗利は30％以上でているか？
　※規定より低い場合には要決裁Mtg
3、受注予定と納品（売上計上）月は明確か？
　白の場合、決意でも可
　※これがないとアクションできない
4、商談プロセスをセルフチェックする
　完了…塗りつぶす
　進行中…半分塗りつぶす
5、訪問日管理で、放置と停滞を把握する
6、ネクストアクションが決まっているか？
　いつまでに、何をするか？
　※小付箋紙に書いて貼付すること

既存クライアント向け　　アップセル＆クロスセル案件チケット

50万円以上の案件

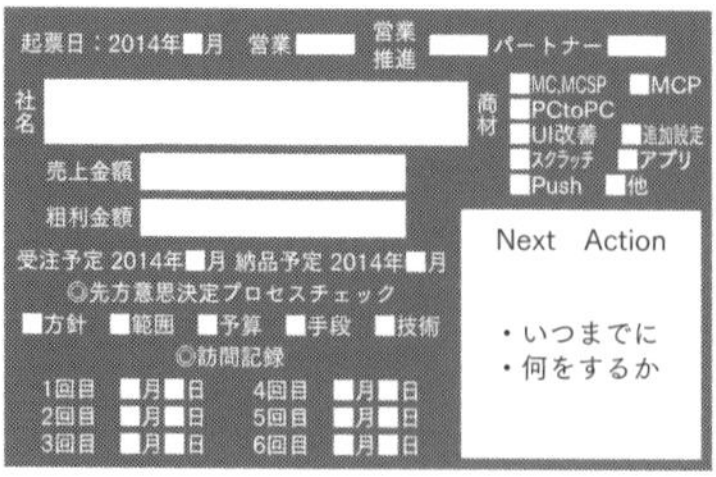

50万円未満の案件

チェックポイント

1、営業推進担当は明確になっているか？
　営業推進も常にステータスを把握し、報告できる状態にしておく
2、粗利は30％以上でているか？
　※規定より低い場合には要決裁Mtg
3、受注予定と納品（売上計上）月は明確か？
　白の場合、決意でも可
　※これがないとアクションできない
4、商談プロセスをセルフチェックする
　完了…塗りつぶす
　進行中…半分塗りつぶす
5、訪問日管理で、放置と停滞を把握する
6、ネクストアクションは決まっているか？
　いつまでに、何をするか？
　※小付箋紙に書いて貼付すること

図14　チーム別　案件進捗ボード

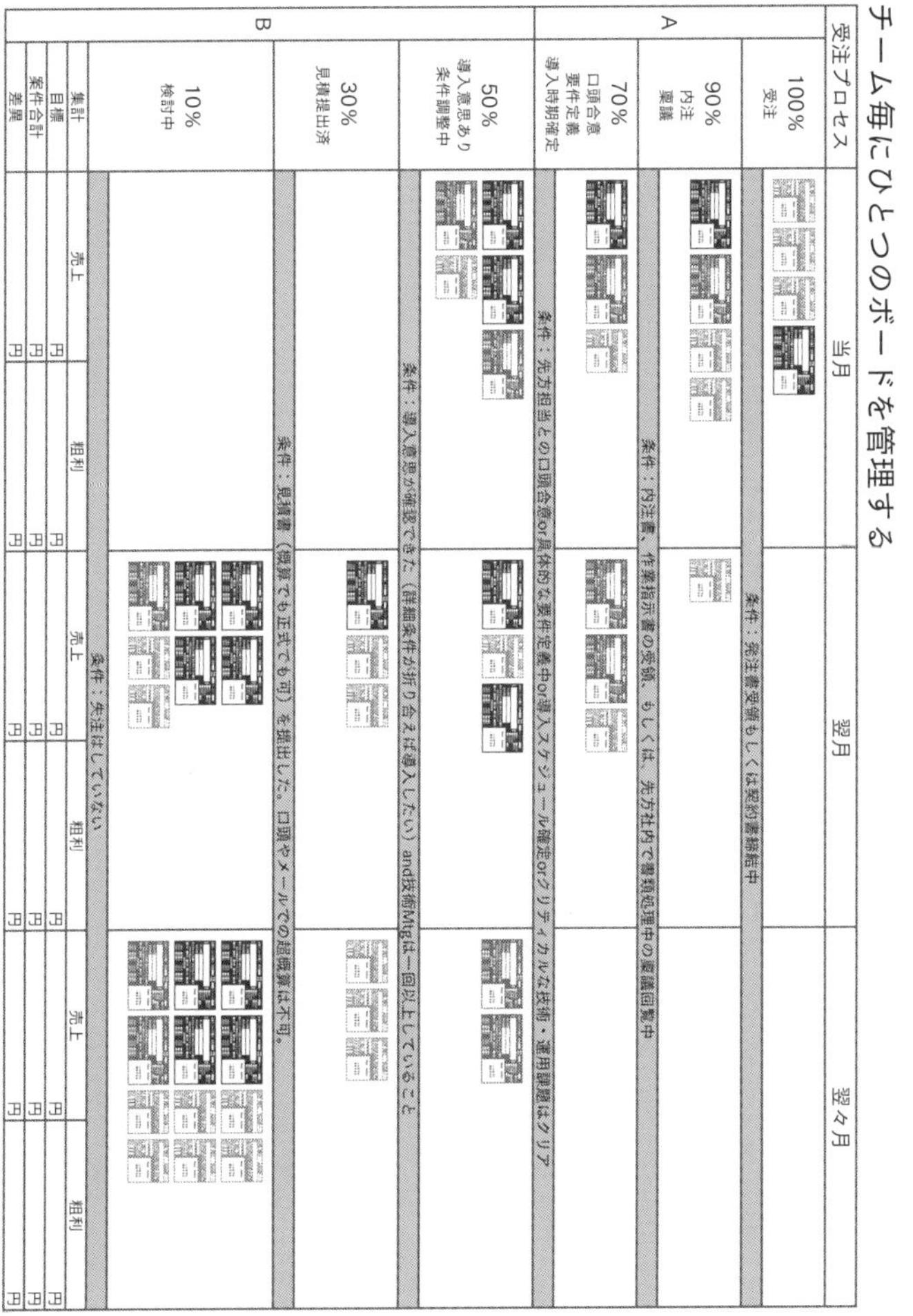

ども事前準備をしっかりできるようになりますし、リスクがありそうだというポイントを事前に察知することさえ可能になっていきます。トヨタさんで実践されているという「自工程完結」が、まがりなりにも回るようになっていきました。

たとえば、2000万円規模の受注がありそうだという事前情報が入る。すると、単純計算で、エンジニアのコストが1カ月あたり約200万として、開発要員に10人／月のリソースを押さえる事前準備へと動き出せます。また「お客様の要望としては3カ月で納品してほしい」と書いてある場合なら、人数を確保するために早めに動いておこうといった対応もできるわけです。

このように、プロジェクトに関わるあらゆる情報を「チケット」で予測できるようになり、さながら陸上のバトンリレーのような状況を具現しました。「チケット」を見ることで、それぞれの部署のメンバーが、他部署の進捗状況を理解し、事前に準備すべき予測がついて、いつでも「準備しておいたよ」という状態が実現します。すなわち、アジャイルの実現に不可欠な「ダンドリ」が、ごく当たり前にどんどんできるようになったのです。

驚くべきことに、この「チケット」の仕組みを考え、デザインしたのは事務方のスタッフでした。アジャイルワークを導入したことで、バックオフィスである事務部門にいても、ビジネスフロー全体が見渡せるようになりました。結果として、誰もが管理の仕組みに敏感になり、他部署の仕事内容にも深い洞察ができるようになったのだと思います。

事務スタッフには、それ以前にも私と一緒にKPIシートの作成を手伝ってもらった経緯もあり、プロジェクト推進のために必要な情報は何であるかという〝勘どころ〟はわかっていたのだと思います。アジャイルワークを導入しなければ、このような期待を超える出来事も起こらないわけで、アジャイルワークに取り組んだことは予想以上の結果をもたらしたと、本当にうれしく感じました。

環境の変化が社員の劇的な成長を促す
——研修とワークショップ、合宿の効用

もちろん、最初から全社一丸となってアジャイルワークに取り組めたわけではありません。

意欲や態度はさまざまでしたが、当初は一様に「面倒くさい」という意識があったように思います。特に苦手意識を示したのが営業部門だったことを記憶しています。基本的に、営業というのは細かい管理が苦手な人たちが多く、その点で苦手意識も強かったのでしょう。かく言う私自身も営業出身で、「わかるよ」とは思いつつ、アジャイルのメリットを理解してもらえないジレンマを抱える期間が続きました。

逆に、エンジニアは、いわゆる「ハウツー」が好きな人が多く、効果の見込める手法に対しては柔軟で、学ぶことが自分のキャリアに直結すると理解しています。

そうした点は営業の人たちも同じで、自分たちのキャリア形成や事業ミッションと、マネジメント手法が紐づいていることが心底腹落ちしないとダメだ、という共通点に遅ればせながら気が付きました。

それがわかってからは、マネジメント手法導入のための勉強会をあらためて実施したり、社内改善のための会議やワークショップに相当なコストをかけたと思います。

私の管掌範囲には、各機能組織ごとに部長がいて、部長のもとに2～3チームが所属する形態になっていました。その各チームのリーダーレベルまで含め、およそ20人弱のメンバーで、2泊くらいの泊まり込みで合宿も実施しました。もちろん、戸田さんにもコーチとして加わっていただきました。

　それらの活動のなかで、事業の収益モデル、顧客への提供価値、解決すべき課題について共通理解をつくりあげていきました。一般的に、事業収益は「単価×客数」の収入からコストを差し引きます。SaaSのビジネスモデルでは、単価と客数に「継続月数」を掛け合わせます。近年ではサブスクリプション（サブスク）という言葉も一般的になりましたが、私たちも当時の収益性における重要指標として「継続率」を掲げていました。つまり、利用し続けていただくサービス（＝離脱されないサービス）を提供することが、売上や利益に大きく貢献します。新規顧客開拓におけるマーケティングも営業も、相当なエネルギーとコストがかかるのに対し、SaaSは後から継続利用によって利益をあげる既存顧客継続型のビジネスモデルです。したがって、この事業の成功要因はどれだけ価値の高いサービスを継続して提供し続けるかにあります。高い価値を提供し続けるため、部門間の連携ストレス・摩擦をゼロにしなければいけないという話を、徹底的にディスカッションしました。

　連携する部門間の受け渡しをよどみなく、ビジネスの流れをスムーズにすることで、サービス提供のスピードとクオリティを同時に高めることができます。高付加価値のサービスになれば営業チームは売りやすくなることはもちろんのこと、信頼関係のできた既存顧客への営業機会も増やせるようになりました。ひいては、顧客が使い続けたくなるサービスを実現する好循環が生まれると考えました。そのためにはアジャイルワークを取り入れるべきであり、絶対に実現すべきと、繰り返し訴えたのを覚えています。

こうした取り組みを続けるなかで、先ほどあげた「チケット駆動」の実践などでアジャイルのメリットが徐々に理解され、組織に浸透していったのだと思います。気付けば、営業部門も驚くほど積極的にアジャイルワークに取り組んでくれるようになりました。

実際に改善の対象となったビジネスプロセス（部門）は、おおまかには以下の通り事業全体に及びます。事業計画↓プロダクト企画開発↓マーケティング↓営業↓導入↓運用↓顧客支援↓事務管理というフローになりますが、当初は「開発」と「導入」のふたつのエンジニアリングのプロセスしかアジャイルによる最適化ができていませんでした。

それが、ボードによる「見える化」やチケット駆動によって全部門をまたいで運用が見直され、アジャイルワークが事業全体に適用されてからは、売上や利益といった業績がとても順調に伸びました。その間、社員の数はほとんど変わらないにもかかわらず、です。

アジャイルワークを成功させるために
――必要なこと、越えるべきハードル

このようにMTIでは、アジャイルワークを導入したことにより、抜群の効果を発揮して成功することができました。成功へ導くためにはいくつかの重要なポイントがあると、私自身は感じています。

まず、知見が十分でない会社であれば、戸田さんのようなプロフェッショナルに入ってもらう必要があります。役員や管理職などトップマネジメントに当たる人間が腹をくくり、先頭に立ってやり切ることです。先ほど、アジャイルワークの導入は会社主導で行ったとお話ししましたが、当時の開発責任者で現在同社の副社長の大号令でアジャイルワークにフォーカスすることを宣言しました。役員から本部長クラスまで巻き込んで実践型の研修を取り入れたことが、全社の意思を固めるうえで大きかったと思います。トップマネジメントこそが、アジャイルワークが必要であると理解したことで、全社的に軌道に乗せる準備を整えることができました。

次に、実行のためには現場への浸透が重要です。チームリーダにあたる役職の人たちにも研修や合宿でしっかり理解してもらい共感まで高めたことが、うまく推進できた要因だと考えていますし、実際に現場を変えることにつながったのではないか、というのが実感です。

管理職のアジャイルワークに対する理解や意識が変わると、何よりもまず、現場の不満が解消されます。たとえば、事業部長の私と部長の数名で、私のデスクの後ろにあるボードスペースを毎朝30分くらいかけて巡回します。時には、それぞれのチームのメンバーに状況を解説してもらいながら、事業の進捗具合をつかんでいきます。そのうえで、各リーダーたちは得られた情報を活用し、リアルタイムな意思決定をします。要は、その場その場で新鮮な正しい情報によって判断できるので、現場では日々改善が実行されていくのです。

日常的にボードを見て現状を把握しているので、問題がすぐにあぶり出されて、現場が課題解決の場所になります。これは、現場の働き手にとっては非常にありがたいことと言えるでしょう。一般的な社員の不満というのは、「上が話を聞いてくれない」「現場で何が起きているか、彼ら（管理職）はわかっていない」という気分がすごく多いと思います。

そうした、旧態依然のヒエラルキーとか上下関係にはばまれることなく問題が解消していくと、現場は仕事がやりやすくなりますし、自分の声がちゃんと会社に届いていると実感でき、チームへの信頼も高まります。

こうして、ふだんからチームや組織として問題の解決や改善が行われることで、チームワークの基盤となる「相互の信頼関係」ができあがります。チームワークの向上により、例にあげた事務スタッフが「チケット」を発明したように、あらゆる局面でポジティブなサイクルへとつながっていくはずです。

信頼関係の構築のために「対面」でのコミュニケーションは非常に効果的でした。これは戸田さんもよくおっしゃるのですが、アナログでお互いが顔を合わせて気持ちをひとつにすること。今振り返ると、対面がアジャイルワークを成功させるための非常に大きな要素だったと感じます。チームビルディングや関係の構築においては、それぞれの人となりがわかり、心理的な障壁がない状態でコミュニケーションを取ることが重要です。MTIでも行ったチームリーダを集めての合宿などはとても効果的だと思います。

これは私の現職の話になりますが、今の職場はデータ分析を事業のコアに据えたテクノロジーベンチャーの会社です。もともと地方や完全リモートでの採用が当たり前の会社なので、ボードワークはクラウド経由で行われています。コロナ禍をきっかけに、シェアオフィスやリモートワークで集まる機会はめっきり減りましたが、「見える化」や最適化という部分では問題はありません。業務手段としてのボードワークも、すべては信頼関係の基盤のもとに成り立つという原則は同じですので、会社で集まる機会を創出し続け、相互の共感を高める対面の環境を有効に使いたい、という考えが根強くあります。

アジャイルワークによってマネジメントが確立された後であれば、リモートであってもプロダクトの開発やメンテナンス、お客様へ納品物のレポートを作成するなど、日常的な業務はオペレーションフローが決まればすべて支障なく進められます。しかし、対面の方が圧倒的に向いている仕事もあります。「トラブルシューティング」「オペレーションルールのボトルネック」といった、部門を横断するような問題の解決です。面と向かって「あでもない、こうでもない」と細かい表情や感情を読み取りながら、話しやすい空気のなかで意見を言い合う環境が必要になってきます。そのため、当社では「毎週1回」終日会社に集合して、内部のことだけに集中する時間を設定しています。

じつはこの週イチというのも、効率を考えたうえで行っています。全社員の業務分析をしたところ、社内的な仕事の割合は多い月でも17%ぐらいであることがわかりました。定量的な分析の裏付けのもと、内部業務に集中するには週に1日くらいが妥当であると判断し、会社のルールを刷新しました。当社は企業向けの商売をしていますが、週に1日はクライアント向けの仕事を一切しません。週1日は社内の業務整備・チームビルディング・計画策定・アイデアディスカッションや、何よりも人となりを知ることのできるコミュニケーション（飲み会）などに、対面の時間を投資しています。幸い、コロナ禍も収束へ向けた社会全体の動きが活発になり、これからは直接顔を合わせての意思疎通へ向けて、新たなフェーズへ進めそうです。すでにシリコンバレーではGAFAを中心にback to office の動きが進んでいるようで、アジャイルワークの要諦はそんなところにもあるのを実感しています。

まずは動き出し、日々「ちょっと向上」「少しずつ改善」を目指す

ここまでお話ししたように、MTIではもともとアジャイルは開発部門だけでやっていましたが、事業全体の最適化にチャレンジしました。事業成功に必要なスピードとクオリティを手に入れるため、事業マネジメントへの応用にも取り組み、TPSやTMS、リーンスタートアップのようなさまざまな手法も活用しました。会社の進むべき道を模索しつつ、メンタルの部分でも組織をまとめていくという方向で実践を進めました。

私自身、事業責任者として全体の「見える化」と、現地・現物・現実をマネジメント層がいかに把握して部門間の調整に役立てるべきかを、徹底して考えてきたつもりです。結果、アジャイルワークをプロダクト開発における手段だけでなく、営業やカスタマーサポートも含めた事業全体の5〜6部門にまで拡大し、ホワイトカラーにおける情報の管理と活用へと昇華できたと自負しています。

幸い、私の場合は会社全体の取り組みという追い風がありましたが、新しい考え方や実践の導入にあたっては、さまざまなハードルの存在は避けられません。特にボトムアップでアジャイルを導入しようというような場合は、なおさらだと思います。これも戸田さんがよくおっしゃるのですが、「アジャイルの実践としての『スクラム』では4人ひと組のチームが理想。ひとりで厳しい挑戦も数人で徒党を組めばうまくいく」という発想で、ぜひ取り組んでみてください。〝出過ぎた杭は打たれない〟のたとえ通り、そこから必ず組織全体を変える改善の輪が広がっていくはずです。

アジャイルを導入するには、とにかく動き出してみること。そのうえで、日々先に進む手ごたえを現場が実感することが重要です。「ちょっと向上」「少しずつ改善」を合言葉に、まずはみなさんの目の前、そして半径数メートルからでも、始められることをおすすめします。

終章

アジャイルワークが目指すもの、そして変えるもの

AGILE WORK

日本人が忘れてしまったアジャイルの〝原点〟とは？

本書をお読みになり、みなさんにはアジャイルワークの定義と本質、その価値とメリット、それを日々の仕事へと生かすヒントや具体的な工夫まで、基本となる内容を十分に理解していただけたと思います。

すでに見てきた通り、**アジャイルワークはけっして大それた仕組みや難しいシステムではなく、現場の一人ひとりが今日からすぐに取り組める、ごく身近な考え方と方法論**だといえるでしょう。しかしながら、そのように優れた方法であり、個人からチーム、さらにあらゆる職種や現場での汎用性をもちながら、日本においてはいまだ周知と普及が十分ではない——それはじつに残念なことであり、私自身いっそうの普及と活用を強く願って、この本を書いたという経緯があります。

本書の冒頭でも触れたように、アジャイルの考え方、あるいはその実践として海外では常識となっているスクラムの方法論は、もともと1970年代にピークを迎えたわが国の高度経済成長、とりわけトヨタを筆頭とする製造業の現場では当然とされていました。しかし、その反動として起こった80年代の〝ジャパン・バッシング（日本たたき）〟の流れのなかで、当の日本人がその考え方と実践を「世界標準に合わない」と自ら放棄したのです。以後、ひたすらアメリカ東海岸流の（いかにも「スマート」に見えた）マネジメントの移入に勤めたことから、本来の強みをみるみる失い、90年代のバブル崩壊に始まる「失われた30年」を今も抜け出せずにいる、というのが日本の今の現実です。

そうした厳しい状況にありながら、〝世界一の企業〟としてひとり気を吐いているのがトヨタであり、本書でもたびたび参照したTPSやTMSといった独自の方式であるという点は、ここにいうまでもないでしょう。それと同時に、70年代から堅持され、たゆまぬ進化と深化を続けてきた独自の方法論が、今や世界の先端を行く米西海岸のシリコンバレーの企業群、なかんずくGAFAにおいて範とされている事実を、私たち日本のビジネスパーソンは深く考えなければなりません。

スローガンふうに言うなら、「70年代の日本の製造業、その強みを思い出せ！」というところかと思いますが、多くのみなさんにとって、半世紀も前の話はそもそも実感することが難しいのかもしれないというのも無理からぬところです。実際に研修の場などでも、特に若い方たちからは「今さら昔の〝栄光〟をもち出されても……」といった反応を示されることが少なくありません。

そこで最後に、アジャイルの〝原点〟とも呼ぶべき、70年代の日本の製造業における個人と組織の強みを振り返り、本書の内容をより身近に捉える手がかりにしていただくことで、本書のまとめに代えたいと思います。

70年代の日本の製造業はなぜ強かった？
――「チームビルディング」の本質を考える

まずはアジャイルの観点から見て、当時の日本の製造業がいかに優れていたかを、図15に掲げた3つの要因にそって見ていきましょう。この3つは、日本を代表する経営学の泰斗である野中郁次郎先生と竹内弘高先生（ともに一橋大学名誉教授）の論文〝The New New Product Development Game〟から引用したエッセンスで、私が多言を費やすよりはるかに明快に要点を押さえておられると思います。

図15　理想的なチーム(チームビルディング)

1970年代の日本の製造業が新製品を出し続けた背景
(組織的な要因)

①境界や限界を越える。
優れたチームには通常と違う高い目的意識がある。自ら認識しているゴールがあるからこそ、通常のレベルを超え、卓越した領域に達することができる。平凡なレベルで良しとしない決意、素晴らしい仕事をすると言う決意そのものが、自らを見つめる目を変え、能力をも変えることができる。

②主体性
優れたチームは自己組織的かつ自己管理的である。どう仕事を進めるかを自分達で決める力があり、決めた事を守り実現していく力を持っている。

③機能横断的
優れたチームはプロジェクトの完成に必要なスキルを全て備えている。計画、設計、製造、営業、販売などこうしたスキルはそれぞれ支え合い強化し合っている。
キヤノンで革新的なカメラを考案したチームのメンバーはこう表現している。『広い部屋にチームの全メンバーが集ると、一人が持つ情報は自然と自分の情報になる。すると自分一人の立場からだけで無く、チーム全体にとって何がベストか、次に良いのは何か、と言う視点で考えるようになる。』

出典：The New New Product Development Game

このうち、①の**「境界や限界を越える」**については、そのまま本書の第2章で取り上げた**「自工程完結」**に通じる考え方です。自工程完結と聞くと、自分の仕事のことだけを考えていればいいように思う人もいるようですが、みなさんにはすでに十分おわかりのように、その意味はまったく逆で、作業において次の工程のことを考える――すなわち、**工程全体やチーム内の連携を考えて自分の工程の完成度をアップすることにこそ、その大きな価値があります。**

言い換えれば、これも第2章で引いたトヨタの大野耐一さんの「バトンタッチ」のたとえのように、自分と他の工程、他の部署との間のバトンの受け渡しゾーンを、いかに有効に活用するかがより良いチームビルディングには欠かすことができません。とりわけ、現在のように製造現場における技術、ホワイトカラーにおける仕事の流れが複雑化・複合化するなかでは、「自分の持ち分はここまで！」という考えではなく、どんどんと役割をはみ出すことが全体としての機動性をアップします。

もちろん、そこにはおのずとルールが必要で、「なんでもかんでも自分でやればいい」というわけではありませんが、**それぞれが自律と協調をもち、いい意味で「他人の仕事に首をつっこむ」姿勢でいる組織は、アジャイルで不可欠な「振り返り」と「イテレーショ**

ン」のプロセスも効果的に機能します。 特に、現在の日本の産業、ビジネスにおいて最も欠けているとされる〝イノベーション〟の面では、こうした境界突破の姿勢はまさに不可欠であり、トヨタをはじめとする70年代の日本の製造業（ソニー、松下電器〈現・パナソニック〉、キヤノンなど）が、短いスパンで優れた新技術・新商品を次々に生み出せたのは、この要因あってこそのことでした。

その意味で当時の日本の産業は、やはり第2章で書いたラグビー的な自律組織と言うことができるでしょう。すなわち **「フォア・ザ・チーム」** と **「ワン・フォー・オール、オール・フォー・ワン」** の観点から、それぞれのポジションと役割はしっかりと意識しつつも、同時にこれを突破することに躊躇しない活力が、世界も目を見張る成功の原動力となったのは間違いありません。それはまた、ここにあげた3つのうちの②にあげられている、本当に意味での **「主体性」** そのものでもあります。

しかしながら、先にも書いたように80年代以降の日本は、その美質を「古くさいローカルルール」として捨て去り、アメリカ東海岸における（これもある意味、ローカルルールに過ぎない）マネジメントの思想を無批判に丸呑みしてしまった。そこでは、かつての活力を生み出していた限界や境界を越える発想は否定され、やれロールだ、やれポジションだという言葉ばかりが広まるなか、自分たち自身の強みを、自分たち自身で放擲するという残念な〝進化〟が起こったのです。

その弊害は、次世代の産業を生み出す力の源泉ともいうべき、スタートアップの面にも顕著に表れています。政府や産業界がさまざまに支援し、環境を整えながらも、**海外に比べて新規起業の数が格段に少ないこの国の現状は、ここにあげた3つの要因を喪失した何よりの証拠ではないか、**と私には思えてなりません。

スタートアップの段階では、チームもそこに属するメンバーも境界や限界などとは言っておられず、日々の仕事でこれを軽々と越えるのが当然となります。となれば、誰もが②の**「主体性」**をもち、③の**「機能横断的」**なスキルを身につけていなければなりません。ここで言う機能横断的とは、第3章のアジャイル的チームづくりで触れた「T型人材」そのものであり、**個々のメンバーがタテ軸の専門性と、ヨコ軸の広い知見を兼備する優れた「多能工」であることが、チームと組織を最良のかたちでテイクオフさせるエンジンの役割を果たす**——かつては当たり前だったはずの、その人材環境をなくした現在の日本では、スタートアップの気概も失われるしかないのです。

アジャイルで理想的なチームを構築するための5つの特性

では、かつての日本においては当然の「活力」の源であり、今まさにシリコンバレーをはじめ世界の先端企業がその強みとする、アジャイル的な働き方、アジャイルの思想に基づくチームビルディングを実現するには、何から手をつければいいのでしょう?

図16にあげたのは私なりに考えた条件ですが、その内容をあえてひと言にするならば、**「ともに働く一人ひとり、その濃密な人間関係が土台となる」**ということでしょうか。アジャイルとは、その土台を育てることによって、個人とチームの能力を100%引き出し、絶えざる成長をもたらすための考え方である、というのが私の考えです。その点、先の野中・竹内両先生があげる3つの要因のうち③に引かれたキヤノンの例と、本書でもたびたびあげた(たとえば、第4章のMTIの事例など)タスクボードによるチーム内の自律的コミュニケーションとに、共通する効果を感じ取っていただければ納得できると思います。

そこで何よりも心に留めてほしいのは、**アタマで考えただけの理論を信じるのではなく、**

図16　アジャイルチームづくり（理想的なチームが持つ特性）

1．人間性の尊重

他の生物とは異なる人間の性質、所謂意識や考える力、想いと言った人間の特質を尊重する事、言い換えればそれぞれの人の想いや考え、意見を尊重する事です。これは自分の意見もきちんと表明し、相手の意見も真摯に傾聴して理解する事です。

2．コミュニケーション

近年は便利なツール（メールやチャット）が多用されていますが、人間の基本的なコミュニケ―ションは、フェイス・ツー・フェイスです。

3．自律と協調

自立ではなく自律です。（セルフマネジメント）
協調は仕事のつなぎ目、プロセス、人のつなぎ目で発揮するもの。（バトンタッチゾーン）

4．チームの規約（作業標準）　　　理想は仏教僧団の律

どんな自然発生的な組織にでも必ずルールは存在する。自分たちでルールを決め、自分たちでそのルールを守り抜く決意が必要。

5．チームの振り返り（成長）

成長するためには経験を振り返り、より良い方法に自身の行動を変えること。実行しない、できない反省は単に後悔であり、そこからは何も生まれない。

まずは実践したうえで自分なりの価値観を育てるという姿勢であり、それなくしてはアジャイル自体がどれほど優れた方法でも、本当の意味で血肉にはならないという点です。とにかく自分なりにトライし、振り返って、たゆまぬ改善を繰り返していくことをしない限り、結局は80年代以降に次々と輸入された理路整然たる（それだけに信じてしまいやすい）舶来の経営理論と同じく、流行りのファッションを着てみて終わりという結果になるだけでしょう。

実践の裏付けがない理論というのは、困ったものです。理論はしばしば、それ自体で価値を主張し、動かしがたい〝常識〟として私たちを支配するからです。

たとえば、私のいう「濃密な人間関係」にしてからが、従来の経営理論では旧態依然のレッテルを貼られ、「そんなものは必要ない」とされるのが90年代以降の日本のビジネス常識でした。しかし、すでに触れたように、GAFAではコロナ禍が収束を見せるなかで、社員に「オフィスへ戻れ」との強いメッセージを打ち出すなど、世界ではまったく反対の〝常識〟が通用しています。日本ではなお、「これを機会にいっそうのリモート推進を」といった意見が主流を占めていますが、これまでたびたび繰り返してきた通り、フェイス・トゥ・フェイスのコミュニケーションなしに、実効あるアジャイルワークもまたあり得ません。

また、近年の日本では「流動性」を担保するなどという理由でチームのメンバーをコロコロと変えるのが常識となっているのに対し、アジャイル的な組織づくりである「スクラム」においては逆に**「メンバーは最低3年、固定せよ」**というのがスタンダード。これも、機動力に欠かせない**「濃密な人間関係」（阿吽の呼吸！）**を育むことこそ肝要という、しごくまっとうな判断あってのことです。

このように、アジャイルにも関わる間違った〝常識〟は他にも数多くあり、たとえば**〝根回し〟**という言葉の捉え方など、その典型と言えるでしょう。現在の日本では、これを込み入った意思決定のために、事前に「よろしく」と申し合わせをするためのムダなプロセスという、非常にかたよった解釈が常識となっていますが、本来の意味はまったく違います。根回しというのは読んで字のごとく、**植物がその場でしっかり成長するために四方八方へ根を張りめぐらし、水や栄養のありかなどの大切な情報を手に入れる活動**を意味するのです。

これを組織に当てはめるなら、**事前に関係方面と協力体制をしっかりと築き、プロジェ**

クトの流れをシミュレートし、いざGOが出たならショットガンのように全員が目標へ向けて一直線に走り出せるようにする、ということになるでしょうか。いずれにせよ、ムダで後ろ向きのプロセスとは正反対の即・実行に欠かせない準備、アジャイルにおける重要な「ダンドリ」というのが正しい位置付けで、実際にもアジャイルの実践であるリーンの世界では、そのものずばり〝**Nemawashi**〟という言葉が当たり前に使われています。

しかも、このようにアジャイルの分野のグローバルスタンダードとなっている日本語は「根回し」だけではありません。トヨタの名とともに、今や世界の製造業の共通語となった〝**Kaizen**〟もまた、日本より海外において重要な価値をもって捉えられている観があります。英語にも「改善」にあたる言葉として〝**improvement**〟があるにもかかわらず、それを使わないのはアジャイルにおける〝**Kaizen**〟に、〝**improvement**〟プラス〝**continue（継続する）**〟という意味合いがあるからで、海外のビジネスパーソンたちはそれをちゃんと知っているのです。

アジャイルワークとウェルビーイングの密接な関係性とは

近年では、SDGsという言葉が急速に広まっています。「持続可能な社会」を指すこの言葉は、２０１５年に行われた「国連持続可能な開発サミット」で採択され、２０３０年までに「誰一人取り残さない、持続可能で多様性と包摂性のある社会を実現する」を目指しています。みなさんも、SDGsの17の目標を表すロゴをそこかしこで見たことがあるかと思いますが、じつは、アジャイルはこのSDGsにも関わっていると聞けば、はたして驚かれるでしょうか？

SDGsにはさまざまな目標があげられていますが、３つ目に掲げられた〝GOOD HEALTH AND WELL-BEING〟――すなわち「すべての人に健康と福祉を」という目標は、アジャイルを実践することで実現できるのです。

この〝Well-being（ウェルビーイング）〟という言葉も最近になって注目度が増していますが、これは幸福、健康、繁栄、そして心身の調和を含む、総合的な生活の質の概念です。主観的に見て、自分の生活にどの程度満足しているか。そして物理的、精神的、社会的な面でどの程度健康であるかを評価する概念で、個人のウェルビーイングは、自己実現や人生の目的達成、ポジティブな人間関係や自己肯定感の向上、ストレスの管理や健康的なライフスタイルを含む多くの要素に影響を受けます。

では、どうすればウェルビーイングな生き方を実現できるのか。それには、私たちは1日の大半を労働時間に充てていますから、この「仕事の時間」をいかに過ごすかが大きく影響することは、容易にご理解いただけるかと思います。

ここで、ウェルビーイングな働き方における6つの要因を挙げてみましょう。

①バランスの取れたライフスタイル

毎日の生活において、仕事や家庭、趣味や健康管理などの時間配分にバランスを取り、過剰なストレスを回避するように心がける

②コミュニケーション

同僚や上司と良好な関係を築き、適切なコミュニケーションを取ることでストレスを軽減し、仕事のパフォーマンスを高める

③フレキシブルなスケジュール

フレキシブルな勤務時間やリモートワークなど、自分に合った働き方を選択することで、

ストレスを減らし、生産性を高める

④ストレス管理

ストレスフルな状況に遭遇した場合には、適切なストレス管理技術を活用することで、ストレスを軽減し、健康的なメンタルバランスを保つ

⑤キャリアの発展

自分自身のキャリアを発展させるために、自己成長を促進するためのプロフェッショナルなトレーニングや学習に取り組む

⑥ポジティブな職場環境

職場の文化を改善し、ポジティブな職場環境を作り出すことで、従業員のメンタルヘルスとモチベーションを向上させる

この6つを見ると、みなさんはハッと思い当たることはありませんか?――そうです、**「時間配分」「コミュニケーション」「生産性を高める」「ポジティブな職場環境」**など、本書で説いてきたアジャイルワークを想起させるキーワードが、至るところに散りばめられていることがわかるでしょう。

たとえば、アジャイルの「タイムボックス」です。これを行動基本として時間を管理すれば、「オン」と「オフ」の時間をあらかじめデザインできるため、自分に合ったワークライフバランスの設計が容易となります。

さらに、アジャイルなチームは、コミュニケーションが抜群によいことは、重々おわかりでしょう。自律したチームになるためには、濃密&頻繁なコミュニケーションが必要不可欠。組織でアジャイルを行うことで、自然と会話量は増大するわけです。

そして、アジャイルには機能横断的な人材が必須条件となりますが、チームの仲間と教え、教え合いでスキルが伸びていきます。かつ、アジャイルは「オープンな環境でフラットなチーム」が基本ですから、職場の環境もチームで振り返って改善していくというメリットもあります。また、本書でたびたび触れてきたように、チーム内で進捗や本音の「見える化」がなされることで、「心理的安全性」を担保でき、メンバー相互、ステークホルダー間で互いにリスペクトする関係性が構築されます。そのほか、プロセスの見える化やタスクボードの利用で、たくさんの「小さな達成感=やりがい」を体感しながら働くことで、幸福感が高まります。

すなわち、**アジャイルはSDGsの目標3の要素をおのずと達成する働き方であり、さ**

図17　アジャイルワークはウェルビーイングな世界をもたらしてくれる

個人も会社もハッピー　⇒　Well-Beingな世界

アジャイルを正しく＆しっかりと習慣化できれば、SDGs Goal3 Well-Beingの実現

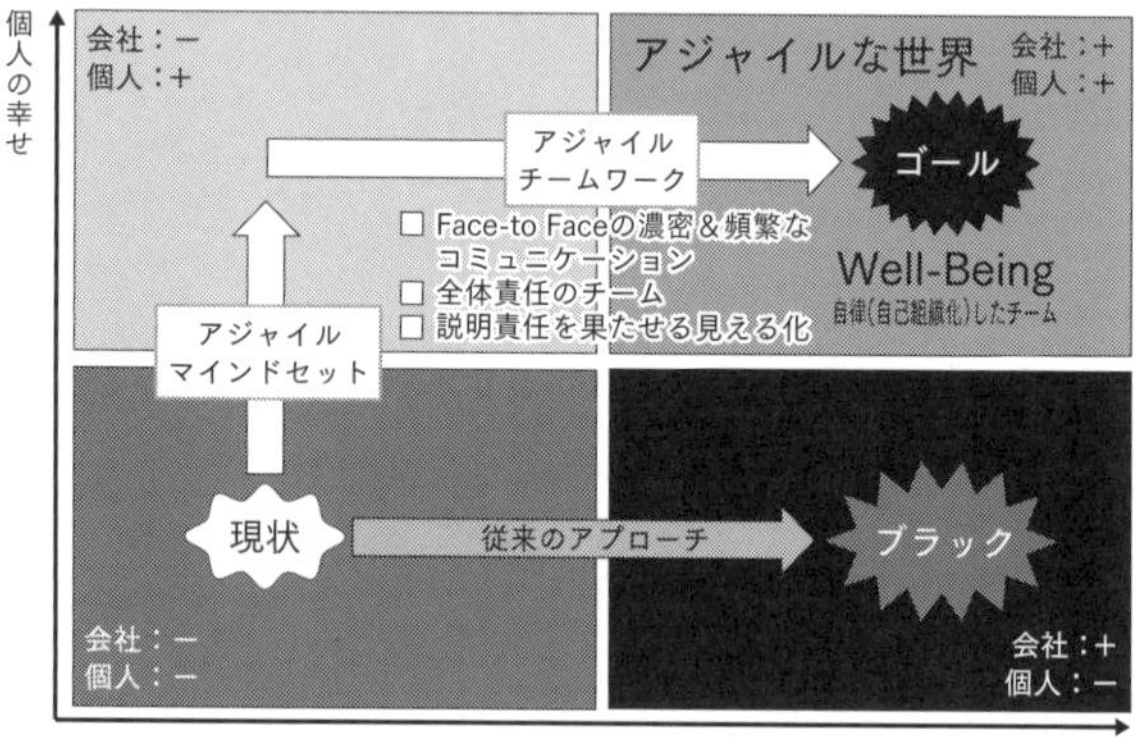

□毎日毎日小さな達成感を積み上げると大きな達成感を得られる。
大きな達成感を積み上げると遣り甲斐が得られる。
□タイムボックスを習慣化すればワークライフバランスが保たれる。
□本音の会話、失敗を共有できれば、ストレスが小さくなる。

アジャイルは、Well-Beingな働き方

Well-Beingな働き方を実現する要件

1. ワークライフバランスが取れている：時間外労働（残業、休日出勤）が無い。労働時間の有効活用。
2. チームワークや社員同士の協力が促進されている：上司や同僚とのコミュニケーションが円滑。お互いに良く知っている。
3. 自己実現ができる仕事内容：自分でスキルや才能を管理、育成、活用できる。自己実現や達成感を得られる仕事
4. 快適な職場環境が整っている：オープン、フラットな職場で職場内でのストレスや疲れが少ない。
5. 心理的な安全性が確保されている：本音で会話できる仲間

↑

アジャイルワーク（アジャイルな働き方）

らなる「＋α」のメリット――仕事における生産性の向上――をも、さまざまもたらしてくれるのです。

アジャイルで未来を変えるはじめの一歩を踏み出すために

こうして見るにつけ、私としては日本と日本のビジネスパーソンのみなさんが、かつて自分たちのやってきたことの価値を正しく評価できていない、と強く感じざるを得ません。それは先ほども書いたように、ある時期から日本のビジネス界が理論先行のアタマでっかちな世界になってしまったからで、**現状を脱するにはとにかくひとりひとりが実践を通じて、確かな一歩を踏み出す以外にはない、**というのが私の思いです。

しかも私たちが迎えているのは、いわゆる〝正解〟というのを望み得ないVUCAの時代。頭のなかでベストな解をいくら考えてみても、明日にはそのベストがいきなりワーストになることが、いくらでも起こります。そんな**恐るべき時代を、組織はよりしたたかに、個人は少しでも幸せに生きていくには、とにかく動いて、その瞬間、その環境に応じたベターな選択＝最適解を生み出せることこそ重要**です。

本書に書いてきた内容もまた、読んで、わかったつもりになるだけでは、けっして十分とは言えません。「教科書」の名にふさわしく、何度となく読み返し、ボロボロになるまで活用して、とりあげたノウハウやスキルをみなさん自身の行動のきっかけにしていただくのが、著者として何にもまさる願いです。

やってみること、振り返ること、それをたゆまず継続すること——アジャイルワークが目指すのは、そんなあなたの確かな一歩にほかなりません。

2023年5月　戸田孝一郎

戸田孝一郎（Toda Koichiro）

株式会社戦略スタッフ・サービス代表取締役、一般社団法人 TMS&TPS検定協会理事、アジャイルソフトウエア開発技術者検定試験コンソーシアムステアリング・コミッティー&検定試験出題リーダー。

40年にわたりIT関連でベンダーとユーザー（CIO）の業務経験を有し、ITに関わるほぼすべての領域でのコンサルテーションを提供する。特にユーザー企業へのIT戦略の立案&実施プロジェクトの支援に実績を持つ。現在は2007年より取り組んできた機能横断型チームのIT開発人材の育成と、アジャイル開発手法の大手企業への導入指導・プロジェクト支援を実施。数多いプロジェクト経験から、理論面だけでは無く実践的な指導を展開する。また、アジャイル開発を追求する経過で、トヨタ生産方式（TPS）の習得がアジャイル開発上達の基礎であることに気づき、いち早くTPSの思想と手法をアジャイル開発に取り入れる。その過程で本家本元のTMS&TPS検定協会（トヨタOBが主宰する団体）にて理事並びに指導講師に認定され、現在は企業のホワイトカラー職場へのTPS概念の導入支援も行う。

アジャイルワークの教科書《きょうかしょ》

2023年5月26日　第1刷発行

著者　戸田孝一郎《とだこういちろう》

発行者　寺田俊治

発行所　株式会社 日刊現代
東京都中央区新川1-3-17　新川三幸ビル
郵便番号　104-8007
電話　03-5244-9620

発売所　株式会社 講談社
東京都文京区音羽2-12-21
郵便番号　112-8001
電話　03-5395-3606

印刷所／製本所　中央精版印刷株式会社

表紙・本文デザイン　林陽子（Sparrow Design）
編集協力　ブランクエスト

C0036

ISBN978-4-06-532340-3